JN439401

도심 속 오아시스에 가다

현 대 수 필 가 1 0 0 인 선 · 79

도심 속 오아시스에 가다

조재은 수필선

좋은수필사

■ 책머리에

수필은 누구나 부담 없이 읽고, 마음만 먹으면 직접 쓸 수도 있는 가장 친근한 문학이다. 다른 영역의 문학이 영상매체에 밀려 신음하고 있는 중에도 수필 인구만은 날로 증가하여 바야흐로 수필 전성시대를 구가하고 있는 이유도 거기에 있을 것이다.

시대적 추세에 힘입어 수많은 수필전문지, 수필동인지가 창간되고, 이에 비례하여 신진 수필가도 날로 늘어나다 보니 이제는 그 많은 작가, 그 많은 작품 중에서 문학성 높은 작품을 가려 읽는 일이 쉽지 않게 되었다. 이런 현상은 작가에게나 독자에게나 결코 바람직한 일이 아니다. 더 나아가서는 수필을 연구하는 후세들에게도 큰 부담이 될 것이다.

이런 문제를 해결하는 데는 출판인도 마땅히 한몫을 감당해야 한다는 평소의 소신에 따라, 본사가 기꺼이 그 역할을 맡기로 했다. 그 첫 번째 사업으로 시대를 대표할 만한 수필가 100인을 선정하고, 작가가 자선한 40편 내외의 작품을 수록한 문고본을 발간하여 이를 널리 보급함으로써 그 소임을 다하고자 한다.

본사는 사명감을 가지고 이 사업을 추진해 나가기로 했다. 작가 선정을 전담할 편집위원회를 구성하고 전권을 위임하여 일체의 사적인 정실이나 청탁을 배제함으로써 전문성과 공

정성을 확보해 나갈 것이다.

따라서 이 기획물 속에는 작가의 문학정신뿐만 아니라, 본사의 문학사적 기여 의지와 편집위원 제위의 수필문학에 대한 애정과 문인으로서의 양심이 함께 담겨 있음을 자부한다. 다만, 작가를 선정하는 기준에는 많은 견해의 차이가 있을 수 있고, 선정 과정에서도 미처 챙기지 못한 부분이 있을 것이라는 사실만은 인정하지 않을 수 없다. 이 점에 대해서는 관계자 여러분의 양해 있으시기 바란다.

이 시리즈의 발간 순서는 작가, 또는 본사의 사정에 의한 것일 뿐 그 밖의 어떤 기준도 적용하지 않았음을 밝힌다.

본 기획물이 시대를 초월한 많은 수필 애호가들의 관심과 애정 속에 우리나라 수필문학 발전에 한 이정표가 되기를 바랄 뿐이다.

2010년 10월

좋은수필 발행인 서 정 환

현대수필가 100인선 간행 편집위원 박 재 식 최 병 호

정 진 권 강 호 형

변 해 명

| 차례 |

현대수필가100인선 · 79

1_부

2_부

3_부

4_부

1부

time이 TIME으로 변하다

시간은 생명체에 스며들어 탄생과 소멸을 일으키고 무생물까지 변화시킨다.

70년대 노랫말은 대부분 한 편의 시 같고 의미 있는 메시지를 전달했다. 그 시절 노랫말에는 은유가 있고 조용한 호소와 흐느낌이 있었다. 가사는 거의 경어로 돼 있어 노래가 귀하게 느껴지고 누군가에게 전하고 싶은 마음을 갖게 했다. 노래 가사만 읊어도 긴 이야기 한 편을 듣는 듯했다.

요즘 노랫말은 짧고, 일반적으로 자신의 생각을 던지듯 전한다. 이렇게 된 가장 큰 이유는 휴대전화 때문이라 한다. 휴대전화의 벨소리와 컬러링은 첫 소절에 선택의 판결이 난다. 첫 소절이 판매량에 중대한 영향을 미치므로 짧은 시간에 강한 인상을 남기기 위해서 노랫말은 강하고 자극적으로 만들어지고 있다. 그러나 이런 노래의 생명은 몇 달 못가 끝난다.

나에게는 30년 넘게 살아 있는 노래가 있다. 글렌 캠블이 부른 'time' 이다.

some people run some people crawl
some people don't even move at all
some road lead forward, some road lead back (…)
time, oh, good, good, time. Where did you go?

어떤 사람은 뛰어가고, 어떤 사람은 기어가고
어떤 사람은 전혀 움직이지 않고,
어떤 길은 앞으로 이끌고 어떤 길은 뒤로 이끈다. (…)
시간, 그 좋고 좋은 시간은 모두 어디로 가 버렸는가?

노래 가사라기보다 철학적 명제 같은 이 노래에서 반복해서 나오는 time과 people이란 단어가 머리에서 맴돌며, 시간의 문제는 나에게 화두가 되었다.

옥스퍼드 대학에서 10억 분량의 단어를 분석한 결과, 영어에서 제일 많이 쓰이는 명사가 time이고, 한국인도 가장 자주 쓰는 단어가 '사람'과 '때'라는 조사결과가 있다. 인간은 생명이 있는 동안, 시간에서 벗어날 수 없고 죽기 전까지 시간과 동행한다.

'time'을 처음 들은 곳은 오대산 전나무 숲길이었다. 오대산의 전나무 숲길, 흙은 유난히 검고 곱다. 가을에 잎이 떨어지면 검은 종이에 프린트 한 것처럼 길 위에 낙엽이 찍힌다. 낙엽이 사람들에게 밟히면, 습기를 머금은 흙길이라서 연한 잎사귀는 부서지지만, 잎줄기는 부드러운 흙길에 박혀 색감 좋은 화폭을 만들었다. 온전한 모습의 화려한 단풍보다, 가느다란 잎줄기만을 간직했던 낙엽은 긴 시간 투병하는 환자가 고통 속에서도 생명이 남아 있음을 감사하는 미소 같았다.

함께 걸으며 time을 불렀던 대학생이던 그에게서 전나무의 푸름이 보였고 흙길의 부드러움이 전해졌다. 그를 만난 후 전나무 숲길을 걸을 때면, 청정한 공기가 폐에 담기고 시간을 건너뛰어 20대의 기억이 생생하게 되살아나곤 했다.

어느 해 그곳에 갔을 때 곱던 흙길이 시멘트 길로 포장되었다. 판화 같던 낙엽들, 생명의 마지막까지 품위를 지키던 낙엽은 시멘트의 영향으로 건조하게 바스러져 쓰레기 같은 추한 모습으로 바람에 날리고 있었다. 숲길의 변한 모습은 가슴에 남아있던 멜로디와 노랫말 같은 과거의 귀중한 추억을 사라지게 했다. 마음이 허전한 절망의 속내는 따로 있었다. 흙길의 사라짐보다 'time'이 생각나느냐는 물음에 ≪TIME≫이냐고 묻는 현재 내 옆의 그 사람….

세월이 노래를 잡지로 변하게 했다.

과거의 흔적이 있는 그곳에 가면 시간의 흐름을 잠시 잊을 수 있을 것 같았는데, 시간의 도도한 흐름을 부정할 수는 없었다. 나를 받아 주었던 흙길의 부드러운 감촉은 시멘트의 강하고 딱딱함으로 나를 밀어내었다. 시간은 돌이킬 수 없다는 말을 완강하게 토해내고 있었다. 숲길의 느낌은 사라진 것이라 생각했다.

흙길에 대한 기억은 오래된 빛바랜 카펫을 맨발로 밟을 때 살아났다. 어디서 경험한 듯한 촉감과 색조가 익숙했다. 프루스트의 ≪잃어버린 시간≫에서 마르셀이 홍차에 찍어 먹은 마들렌의 맛과 함께 떠오른 기억같이, 흙길의 촉감과 타임의 멜로디가 가슴 한 구석에서 살아나 온몸에 퍼졌다. 힘주어 몇 번이고 밟았다. 카펫에 뿌린 섬유탈취제의 향기는 숲의 향기로 환원되었다.

FM에서 'time'이 나오자 가사는 잊어버렸지만 무의식적으로 멜로디를 따라하는 그의 모습을 보며, 묻혀 있던 기억은 살아 있어 언젠가는 재창조되는 것을 깨닫는다. 인간의 삶에서 과거란 단순히 지나가버린 것, 이미 존재하지 않는 것이 아니다. 확실히 기억하지 못해도 과거는 매 순간 현재와 은밀히 소통하며 현재를 조율하고 있다. 과거의 기억은 심연 어딘가에 있다가 삶을 풍요롭게 하거나 황폐하게 만든다.

녹말을 풀어 놓은 물을 몇 시간 두면 윗물은 말갛게 되고 밑에는 녹말의 침전물이 딱딱하게 굳는다. 윗물이 말갛다고 녹말이 없는 것이 아니다. 손가락으로 휘저으면 순간, 뽀얀 녹말물로 되는 것처럼, 기억은 과거 어느 곳에 가라앉아 있다가 지난 일을 다시 생각해 내는 '상기의 힘'으로 다시 살아나는 것이다.

월정사 전나무 길이 시멘트를 걷어내고 흙길로 복원됐다는 소식을 들은 때는 과거의 귀중한 기억은 현재까지 전해진다는 것을 깨달은 후였다. 전나무길이 시멘트길로 남아 있다 해도 내 과거의 시간 속에 화폭 같은 숲길은 여전히 존재했을 것이다. 흘러간 시간 속에 묻힌 전나무길의 낙엽, 올드 팝의 가사 하나가 삶의 밀폐된 공간에서 산소가 되기도 한다.

나에게 묻다

우리는 모두 카메라 앞에 서면 긴장을 합니다. 머리 모양을 가다듬고 표정을 꾸미며 조그만 렌즈가 두려운지 잘 보이려고 웃음을 짓습니다. 그러나 카메라는 표정 뒤에 숨겨진 것을 찾아내지요.

평소에 말이 많은 사람도 녹음기를 갖다 대면 말을 그치고 목소리를 가다듬습니다. 기침 몇 번으로 목소리를 바꿀 수 없는데도 계속 헛기침을 하지요. 많은 사람은 녹음된 자신의 목소리를 듣고 내 목소리 같지 않다고 말합니다. 자신이 비친 화면을 보고는 이상하게 나왔다고 찍은 사람을 탓하기도 하고요. 왜 사람들은 자신의 모습과 목소리에 낯설어 할까요. 자신의 얼굴을 보는 시간보다 타인의 모습을 보는 시간이 더 많고, 공명으로 들리는 자신의 목소리보다 직접 듣는 남의 목소리가 더 정확해서입니다.

방송 하던 경험을 돌이켜보면 차가운 기계를 사람보다 더 가깝게 느끼는 사람이 있습니다. 인터뷰를 할 때, 나를 쳐다보지 않고 녹음기 마이크를 보면서 얘기 하는 사람이 있습니다. 입은 마이크와 거리만 맞추고, 눈은 서로 쳐다보는 게 훨씬 얘기가 부드럽게 풀립니다. 그 사람이 나보다 금속의 마이크를 더 편하게 느낀 그날은 진행을 잘 못한 날입니다.

외로움에 가득 찬 사람, 꼭 남겨야 할 말이 있을 때, 사람들은 홀로 녹음기 앞에서 자신의 진실을 털어놓기도 합니다. 사람과 직접 말할 때보다 더 벌거벗은 마음을 드러냅니다. 자신과 진정으로 만나는 시간, 자신에게 하는 고해성사입니다.

'인터뷰'라는 인터뷰로 이어지는 영화가 있습니다. 사랑과 성, 결혼에 관한 인터뷰로 사랑의 진실한 모습이 무엇인가를 찾으며, 사랑의 고통에 대한 흔적을 조용히 보여줍니다. 감독은 영화에서 사랑이 무엇인가를 계속 물으면서 사랑의 정의를 내리려고 하지요. 사랑에 대한 질문만 하고 다니는 조감독에게 촬영기사가 묻습니다.

"수백 번 같은 질문을 하는데 지겹지 않아요?"

"질문은 같은데 대답은 모두 달라."

이 영화가 하고 싶은 얘기입니다. 감독은 수백 명의 인터뷰를 통해서 사랑은 다양하고 그 속에 신비한 힘이 있다는 것을 보여줍니다. 신비함은 어떤 것이든 자신이 직접 체험해야만 이해할 수 있습니다.

미국 아이오와는 끝없는 벌판이 펼쳐져 있어 어디서나 지평선이 보입니다. 그곳에 사는 동안 해질 무렵, 같은 장소로 산책했습니다. 300여 일 동안 노을을 관찰했는데, 노을은 같은 모양 같은 색을 보여 준 적이 한 번도 없었습니다. 300개의 노을은 300가지 모습으로 아름다웠고 하나의 해에 천만 가지 노을이 있음을 보았습니다. 사랑이라는 한 단어에 수만 가지의 모습이 있는 것과 같았습니다. 사랑은 해를 닮았습니다.

'인터뷰'를 본 날, 햇빛 아래서 내가 나를 인터뷰했습니다.

– 사랑은 무슨 색이라고 생각하세요.

빨강, 주황, 노랑, 초록, 파랑, 남색, 보라. 모든 색, 아니 사랑은 색이 없어요. 어떤 색도 될 수 있기 때문이죠.

– 사랑은 언제 찾아오나요.

마음이 진공 상태일 때, 가슴에 아무 것도 없어 숨조차 쉴 수 없을 때.

– 사랑을 어떻게 고백하세요.

1분쯤 말없이 눈이 아닌 마음으로 상대방을 바라봐요. 그때 1분은 참 길어요. 그 시간을 참다 보면 마음이 전해져요.

– 사랑을 하면 외로움이 없어지나요.

더 커져요. 두 사람 모두 더 뚜렷한 개체가 되어 서로 마주 봐야 하니까요.

– 사랑하다 헤어질 때 어떻게 마지막을 맺으세요.

SWEET PEOPLE이 연주한 〈Wonderful Day〉를 듣자고 해요. 어떤 만남도 좋았던 기억은 있으니까요.

– 사랑이 무엇이라고 생각하세요.

사랑!? 그거 이광수 소설 제목 아녜요?

손수건 같은 사람

영화의 내용은 별로 슬프지 않은데 그날은 유난히 눈물이 나왔다. 어둠 속에서 더듬더듬 휴지를 찾아 영화가 끝날 때까지 휴대용 휴지의 반을 썼다. 영화관을 나올 때 사람들이 흘금흘금 쳐다보며 쿡쿡 웃는다. 울면 유난히 붓는 체질이라 눈이 많이 부었나 보다. '부은 눈 정도로 시선이 집중되지는 않을 텐데'라고 생각하며 부지런히 화장실로 가서 거울을 보았다.

거울에 추상화 한 점이 보였다.

빨개진 코, 얼룩진 눈 화장, 가장 눈에 띄는 것은 모자이크 된 얼굴이었다. 얼굴 여러 군데에 흰 조각들이 붙어 있다. 어릴 적 미술 시간에 색종이를 잘게 찢어 붙인 그림 같다. 스스로 보아도 다시는 구경 못할 해괴한 얼굴이다. 시력이 나빠 거울에 비친 모습으로는 왜 그렇게 됐는지 잘 몰랐다. 손으로 만져

보니 휴짓조각들이 붙어 있다. 질 나쁜 휴지가 눈물에 젖어 얼굴에 말라붙은 것이다.

'손수건이 있었다면….'

손수건의 용도를 다시 한 번 확인 한 날, 오래 전에 받은 선물이 생각났다. 세례 받던 날, 하얀 손수건에 작은 십자가를 직접 수놓아 함께 준 카드에 "손수건 같은 사람이 되세요."라는 글귀를 써 준 사람이 있었다. 이해가 안 된 카드의 글귀는 하얀 손수건과 함께 나비처럼 내 눈에 아롱거렸다.

몇 년간 만났어도 누구에게나 마음을 열지 않고 일에 대한 얘기만 나누던 후배가 있었다. 야외에서 모임을 하던 날, 흰 치마를 입고 온 후배가 선뜻 잔디에 앉지를 못했다. 나는 별 생각 없이 손수건을 펴주며 앉으라고 했다. 처음에는 주저하더니 회의를 시작하자 조심스럽게 앉았다. 모임이 끝나고 "손수건 나중에 드릴게요. 감사했습니다."라고 인사를 했다. 다음 회의 때 깨끗이 빤 내 손수건과 새것 하나를 선물하며 남의 손수건 위에 앉은 게 처음이라며 밝게 웃었다. 그 웃음에서 연두색 향기가 나는 듯했다.

그 후배와 거리를 좁혀보려고 사회의 선배라는 위치에서 의례적인 점심을 몇 번 산 적이 있었다. 점심을 함께 먹은 후에도 적당히 지키는 거리는 변하지 않았다. 그런데 지금은 점심 값의 십분의 일도 안 되는 값으로 딱딱한 선후배 사이가 아닌 오랜 친구 같은 사이가 되었다. 손수건은 후배의 마음에 제 크기만 한 창문을 달아 주었다.

풍요롭고 부족한 것 없는 환경에 사는 친구는 항상 밝았다. 화제도 쇼핑과 운동이 대부분인 친구는 그날, 유난히 어두운 목소리로 만나자는 전화를 했다. 옷차림은 화려했고 규칙적인 피부 관리로 매끈매끈한 얼굴인데 표정이 어둡다. 친구는 예전같이 부동산 값부터 화제에 올리더니 갑자기 말을 끊었다. "정말 속상해 죽겠어"라며 울먹였다. 고등학생 아들이 가출을 한 지 열흘이 됐다며 주위 사람들의 시선도 아랑곳없이 흐느꼈다. 자식 문제라면 부모들이 체면도 이성도 잃어버리는 모습을 다시 한 번 보았다. 나는 "곧 들어 올 거야, 사춘기 때는 한 번씩 그럴 수도 있어, 다른 집 아이도 나갔다가 곧 들어왔다더라" 하며 휴지를 찾는 친구에게 손수건을 주었다. 근심을 떨쳐버리려는 듯 친구는 손수건으로 얼굴을 힘껏 닦았다.

울고 난 친구의 얼굴이 유난히 빨갛던 생각이 났다. 울어서 그런 것만은 분명 아닌데. 친구에게 빌려 주었던 손수건을 꺼내보았다. 손수건이 부드럽지가 않았다. 한 번도 쓰지 않은 상표가 붙어 있는 새것을 들고 나왔다. 새 손수건은 물기를 잘 흡수하지 못해 유난히 부드러운 친구의 얼굴에서 눈물은 흡수하지 않고 붉은 아픔만 남겨 주었다.

몇 개의 손수건에서 왜 그날따라 새것을 골랐을까. 무의식적인 행동은 평소 그 친구의 넘치는 행복에 대한 내 마음은 아니었을까. 순간적으로 서늘한 전율이 흘렀다. 종이에 베인 것 같은 느낌, 포장만 요란한 종합 선물세트를 열었을 때의 느낌, 불 밑에서만 번쩍이는 가짜 보석을 보는 것 같다. 숨겨졌던 본능의 알몸이 어둠으로 빨려 들어가는 듯하다. 손수건의 진한 보라색이 유난히 어두워 보였다. 손수건이 친구의 눈물을 닦아주지 못한 것처럼, 아픔을 나누지 않은 내 평범한 위로는 친구의 슬픔을 조금도 씻어주지 못했다.

'다른 사람의 눈물을 닦아주는 사람의 모습은 고요한 아름다움' 이라는 시구가 있다. 그런 사람을 어찌 시인만이 사랑할까.

푸른 카드에 쓰여 있던 글귀 '손수건 같은 사람' 이 흰나비처럼 어깨에 내려앉는다. 나비는 내게 손수건 같은 사람은, 가증스런 자신의 모습을 볼 수 있고, 슬픔을 함께 나누며 다른 사람의 가치를 인정 해주고, 평안을 주는 사람이라고 나직이 알려준다.

집에 돌아와 친구의 눈물이 묻은 손수건을 빨았다. 진한 보라색 물이 검은빛으로 빠지며 풀기도 빠진다. 맑은 물에 손수건과 함께 손을 여러 번 헹구었다. 깨끗한 손을 가진 풀기 빠진 사람, '내가 사랑하는 사람'이다.

'혈의 누' 이야기

지금 내 심장은 평균보다 몇십 번이나 더 뛰는 것일까.

지바고가 걸어가는 라라를 보고 차안에서 이름을 미처 부르지 못하고 자신의 가슴을 움켜잡았을 때, 그의 심장은 몇 번을 뛰다가 파열했을까. 오래 전 햇빛이 내리꽂히는 운동장에서 100M 달리기 연습을 하던 때 생긴 불규칙한 맥박은, 20년 동안 만나지 못했던 그 사람의 뒷모습을 본 그 후부터 빈번해졌다.

심장이 급하게 뛸 때 마음은 조용해진다. 침묵 속에서 달콤한 죽음의 공포를 잠시 느낀다. 왼손 맥박을 센다. 하나, 둘… 아흔 셋…. 부정맥不整脈이 있는 나는 맥박이 정상보다 빠르게 뛸 때 몸속을 흐르는 혈액의 흐름을 느낀다. 적혈구의 행로를 따라가 본다.

골수에서 만들어진 적혈구는 1㎣ 속에 450만 개가 있고, 매

초 1억 개가 소멸되며 혈액 속에서 100일 정도 활동한 다음 파괴된다. 지구의 두 바퀴 반이나 되는 혈관을 다니며 생명을 유지시켜 주는 적혈구가 나에게 건네는 말에 귀를 기울인다.

쉼 없는 울림, 울림.

복숭아 모양의 내 고향집에서는 소리가 납니다. 생명의 진동 소리이고, 다른 한 존재를 부르는 소리이기도 하며 관계 확인의 이음줄이 떨리는 소리이기도 합니다.

나의 생성과 소멸은 창조주의 작품이지만 내 운행은 주인의 상태에 따라 달라집니다. 나는 잠시도 쉴 수가 없습니다. 내가 쉬면 주인을 잃게 되니까요. 나는 주인에게 생명의 원천이고 내 생명의 기한이 허락 받은 한, 달려야 합니다. 대동맥은 12차선 같아요. 그곳을 지날 때는 마음대로 구르며 활기차게 움직일 수 있어요. 나는 일정한 속도로 10만km를 달리고 싶은데….

오늘도 우리 집에 지진이 일어났어요. 넘어지고 깨지고 서로 부딪치고, 짧은 동안의 동요지만 수습하는 데는 시간이 걸려요. 주인의 청각 신경을 통해 어떤 소식이 들어 왔거나 잠을 못 잤거나, 몸을 혹사했나 봐요. 요즈음 이런 일이 예전보다 자주 일어나요.

난리를 겪고 나면 내가 운반해야 할 산소의 양이 줄어들어요. 그러면 나와 친구들은 할 일이 적어져 열심히 움직일 필요가 없게 되고 우리 몸이 더러워집니다. 그때 노르아드레날린

이 나와서 우리를 괴롭혀요. 우리가 제일 좋아하는 친구는 아세티코린인데, 이 친구가 오는 날은 축제 같아요. 깨끗한 물을 마시며 웃고 춤추고 노래하고. 그런데 이 친구 만난 지가 너무 오래됐어요. 너무 오래 그를 못 만나서 그를 만나기 위해 나는 있는 힘을 다해 달렸어요. 내 상태가 어떤지 주인이 알아야 하거든요. 내가 격렬하게 움직이니까 주인이 힘들어하더군요.

주인은 가슴에 손을 대며 간절히 기도를 했어요. 나는 정신없이 뛰어가다 맑은 종소리를 들은 듯했어요. 이 소리에 내 발길은 평정을 찾았지요. 주인의 얼굴에 안도의 엷은 미소가 떠오르네요.

내가 지나는 길 중에는 넓은 곳도 있지만 아주 불편한 곳이 있습니다. 지저분하고 좁은 골목길입니다. 처음에 잘 정비된 도로가 훼손된 이유는 주인의 나쁜 습관 때문이지요. 잠 못 자고, 운동 안 하고, 게다가 피곤하다고 단 음식을 즐겨 먹기 때문입니다. 경화된 이곳을 지나다니기 싫다고 친구들이 움직이지 않고 벽에 붙어 버려서, 지금은 지나가려면 고개를 숙이고 몸을 낮추어야 합니다. 그곳을 빠져 나오면 내 몸도 더러워져요. 나도 벽에 붙어 움직이지 말까 망설이지만 내 심술을 막아주는 곳이 좌우에 커다랗게 두 곳이 있어요. 1조나 되는 친구들이 몸을 씻는 곳이지요. 주인이 아기였을 때는 밝은 붉은 빛이었는데 지금은 우리가 몸에 붙은 찌꺼기를 많이 떨어뜨려서 흑갈색으로 더러워졌어요. 도시의 매연과 연기를 몇 십

년동안 마셨거든요.

오늘은 내가 우리 주인을 떠나는 날입니다. 나는 주인 몸에서 100일 정도밖에 못살아요. 내가 없어지면 동생이 태어나서 주인을 지켜주지요. 참 고단한 일생이었어요. 내가 살아 있는 동안 주인은 숲의 향기를 한번밖에 못 만나게 해 주며 나를 혹사 시켰지만, 나는 주인을 좋아했어요. 복숭아 모양의 고향집을 다양하게 가꾸어 주었기 때문이지요. 체온 말고 여러 가지 방법으로 따듯하게 해주었어요. 10만km의 여정이 힘들 때, 언젠가 들었던 맑은 종소리나 다른 사람에게서 전해 받은 온기를 제일 꼭대기에 있는 본부를 통해 전해주며 위로해 주었어요. 내가 남기고 가는 눈물방울이 주인에게 이 땅에서 머무는 시간을 조금 더 연장시켜 주면 좋겠네요.

심호흡을 한다. 맥박이 정상으로 돌아왔다. 가슴에 밀착된 손을 통해 내 몸의 혈관이 흐르며 하는 말이 들리는 듯하다.

25조의 적혈구가 있는 인간의 '생명'은 어떤 부사도 형용사도 필요 없는 오직 하나, 빛나는 시원始原의 단어다.

풍선이 날아간 후

풍선 하나를 불기 위해 온 힘을 다한다. 평균보다 낮은 폐활량으로 풍선을 부풀리려고 가슴이 터질 듯한 순간까지 불었다. 조금씩 부풀리며 둥글게 커질 때까지 바람을 넣었다. 바람을 넣는 입김 속에 내 가슴속 바람도 실어 넣었다.

이제껏 노랑, 파랑, 빨강의 풍선을 실로 묶어 손에 쥐고 풍선처럼 둥둥 떠다니며 살았다.

열망과 갈망의 바람으로 가득한 풍선을 가느다란 실에 묶고, 그 실만 잡고 있으면 풍선은 내 것으로 생각했다.

바람에 떠가는 풍선만 바라보고 뛰어가던 날, 비가 세차게 왔다. 우산을 펴다 풍선을 놓쳤다. 바람을 담은 풍선은 바람에 날아갔다. 날아가는 풍선을 잡지도 못하고 허공에 손을 저으며 무인도 같은 우산 속에 홀로 남았다. 그러나 풍선을 들고 있던 손이 빈손이 되니 못 듣던 소리가 들리고 안 보이던 것이 보이기 시작한다.

이른 새벽, 한 잎씩 피던 연꽃의 개화보다 꽃송이째 뚝뚝 떨어지던 동백꽃의 낙화가 더 절실하게 다가온다. 3층 창문에서 들리던 노랫소리보다 지하실의 한숨 소리가 더 크게 들린다. 화려한 호텔 꽃꽂이의 풍요보다 바위 틈새에서 자란 잡초의 통점이 보인다. 뭇 인생의 가슴 속 이야기가 감지되고 짙은 선글라스에 숨겨진 눈빛이 느껴진다.

놓친 풍선의 실체를 보았다.

교토의 절벽 위에 세워진 청수사 본당에는 성공과 출세를 위한 신이 있다. 볼과 배가 풍선같이 불룩하고 얼굴은 술에 취한 듯 붉고, 온갖 색이 섞이면 검은 색이 되듯이 탁한 검은색으로 덮여 있다.

욕망의 모습이다.

그곳에 와서 자신의 욕망을 이루게 해 달라고 비는 사람들의 소리가 그 신을 그렇게 살찌게 했는가. 어디선가 본 듯한 무거운 느낌이다. 고운 빛깔에 가리어 보이지 않던 풍선의 실체, 내 바람의 모습도 그와 다를 게 없었다. 욕망의 추함을 오래 볼 수 없어 서둘러 자연으로 눈길을 피했다.

풍선을 잡지 않은 한 손의 자유, 보호막이고 피난처인 우산마저 언젠가 놓아버리고, 빗물에 속살까지 젖어, 자유로운 두 손으로 빗물을 받아 마시고 싶다.

비도 바람도 피하지 않고 몸과 마음이 온전히 비에 젖는 날, 나의 자유를 자축하리라.

에세이 모노드라마

백지는 텅 빈 무대다.

작가는 종이 위에서 연출자이고 모노드라마의 배우이다. 백지 위의 공연은 몇 백 회를 넘어도 막이 올라가면 심장이 멎는 듯하다. 배우는 관객의 마음을 피땀 흘리는 연기 하나로 사로잡아야 한다. 객석의 불이 꺼지고 무대에 밝은 조명이 켜지는 순간, 배우는 앞이 보이지 않고, 오직 자신만을 응시하는 무서우리만치 냉정한 관객의 시선을 온몸으로 느낀다.

절대고독의 순간이다.

백지 위의 첫줄, 호흡을 맞출 상대역도 연출도 없는 무대에서 첫 동작을 시작한다. 비어 있는 백지는 거대한 강이고 하나의 문자는, 작고 작은 돛도 없는 조각배다. 상처 난 손으로 힘없는 노를 저어 거센 강의 물살을 헤쳐 가야한다. 물살에 잡혀 강의 심연으로 가라앉을 것 같은 두려움에 사로잡힌다.

모노드라마의 배우가 된 것은 세상에 방관하는 빚을 지지 말고 삶의 핵을 가슴에 안고 뜨겁게 살고 싶은 욕망의 단죄 때문이다. 아니면 자신을 확인하려는 가장 독한 방법으로 원고지의 칸을 메우는 길을 택한 것인지도. 그도 아니면 영원히 해갈되지 않는 그리움을 품고 살기 때문일 게다.

얼음 무대 위에서 갈등과 고뇌로 점철된 대사를 읊조리는 햄릿을 보았다. 러시아 극단의 '햄릿' 공연은, 햄릿의 고뇌를 얼음으로 만든 무대장치로 표현했다. 햄릿의 머리 위에는 수정 대신 얼음을 쪼아 조각으로 만든 샹들리에를 걸어 놓았다. 조명을 받은 얼음이 햄릿의 머리위로 뚝뚝 녹아떨어지고 고뇌하는 햄릿의 얼굴에 얼음 눈물이 흘렀다.

맨발로 서 있는 발은 시린 단계를 지나 아픔을 느끼는 듯, 한 발씩 들고 고통을 참고 있었다. 대사가 러시아어라 알아듣지는 못해도 배우의 몸짓과 무대 연출은 어느 공연보다 햄릿의 고뇌가 잘 전달되었다. 머리와 발에 전달되는 냉기와 아픔을 참으며 혼신의 힘을 다해 연기하는 배우와 참을 수 없는 고뇌를 얼음으로 표현한 연출자의 감각. 예술의 팽팽한 엑스터시를 느꼈다. 예술의 사명은 관객과 독자의 가슴에 파문을 일으켜야 하는데…. 나의 모습을 살핀다.

수필의 무대 위.

나도 이제 백지의 무대에 나갈 시간이다. 객석 구석에 앉아 자신을 응시한다.

무대 의상은 정결한 손과 피 흘리는 가슴이다. 손을 씻는다. 하얀 비누 거품으로 두 손을 오래도록 비빈다. 물을 될수록 세게 틀고 물방울이 튀는 것을 본다. 물이 살아 움직이고 이야기를 쏟아 내는 듯하다. 세상과 나의 이야기, 그 소리를 들어야 한다. 더 잘 듣기 위해 귀가 얼얼할 때까지 후빈다. 그 다음 의식은 조금씩 정성스럽게 손톱을 깎는다. 너무 짧게 깎아 아픈 손가락에 밴드를 감는다. 글의 무대에 오르기 전, 의식을 끝낸다.

나를 발견하고 타인에게 다가가려는 동작을 시작한다. 기억의 창고를 열고 가슴의 상흔들을 꺼내 살펴보니 모두가 남루하고 빈한하다. 길거리에 내놓은 비 맞은 이삿짐 같다.

초조한 마음으로 책을 읽기 시작한다. 참고해야 할 부분이 들어 있는 책을 찾는다. 한 권, 두 권, 여기저기서 뽑아낸 책이 십 여권 주위에 쌓인다. 찾던 부분을 잊고, 쓰고자 하는 방향을 잃는다. 책 속의 언어들이 머릿속에서 얽힌다.

기진한 신경을 위로 받고 순화와 안정이 필요해, 볼륨을 마음껏 높이어 음악을 듣는다. 음표들이 춤을 추며 뇌 속 신경을 살며시 감싼다. 멜로디의 울림이 온몸에 전해지며 얼음 발판에 서 있는 것 같은 고통이 조금은 완화된다. 고통의 무풍지대다.

흰 종이의 무대에서 대사를 다시 시작한다.

발음은 정확하게, 관객에게 감정 전달이 잘 되게, 연기는 과장하지 않고 표정이 자연스럽게. 무대 위의 계율을 머리에 넣어 둔 채 목이 쉬도록 연습을 했는데 실제 공연에서는 서툰 목소리와 몸짓이 나온다. 그러나 무대에 오르면 쓰러지더라도 연극은 계속 해야 한다. 배우의 어떤 사정도 관객은 눈감아 주지 않는다. 부모의 상을 당해도 극본에서 웃어야 하는 장면이면 커다랗게 웃어야 하는 게 배우의 숙명이다.

지우고 몇 번씩 고쳐 써도 단어들은 서로 화합하지 않고 부딪치고 밀어낸다. 문장은 떠오르지 않고 구성도 거칠어 자주 멈추게 되지만, 약속된 분량은 채워져야 한다. 거짓된 포장이 통하지 않는 게 인쇄된 작품이라는 생각을 하면 온몸에서 진액이 나온다. 투쟁의 몸부림이 끝나고 마지막 문장에 마침표를 찍는다. 컴퓨터 구석에 자리한 X표를 눌러 출구로 빠져나온다.

객석의 불이 켜지고 막이 내린다.

그러나 박수 소리는 들리지 않는다.

다시 찾은 일기

"원하시던 대로 딸입니다."

다른 사람보다 긴 시간 산고를 치르고 태어난 딸을 보고 산부인과 의사가 축하를 했다. 몽롱한 의식 속에서도 그 말은 또렷이 들렸다. 딸이 태어날 당시에는 아들 선호 사상이 팽배했는데도 남편과 나는 딸을 낳으면 자녀는 한 명으로 만족하자고 약속했다.

요즘 노래 제목으로 아들과 딸의 관계를 빗댄 우스갯소리가 있다. 아들은 '희미한 옛 사랑의 그림자' 며느리는 '사랑해선 안 될 사람' 딸은 '아직도 그대는 내 사랑' 이라고 한다. 지금 같은 현상을 그 당시 예상한 것은 아니지만, 딸은 유난히 나의 속마음을 잘 이해했다. 그 이유를 안 것은 딸이 대학을 졸업하고 유학을 준비하던 시기였다.

짐 정리를 도와준다고 아이의 책상 서랍을 열었다. 서랍 속은 재미있었다. 친구에게서 받은 자잘한 선물과 카드, 영화스크랩, 좋아하는 뮤지션의 공연사진을 보며 옛날의 나를 생각했다. 이것저것 보는 재미에 정리는 뒷전으로 미루고 제일 아래 서랍까지 열어 보았다. 어디서 본 듯한 낯익은 노트를 발견했다. 노트의 첫 장을 연 순간 이런, 내 일기장이었다. 왜 여기 있을까.

첫 장만 보고 나도 모르게 다시 공책을 덮었다. 일기장을 가져오고 싶었지만, 서랍 문을 닫았다. 딸의 서랍을 뒤진 엄마라는 소리는 듣기 싫었다. 내 일기장인데 다른 사람의 일기를 훔쳐 본 것같이 가슴이 뛰었다. 왜 딸이 나도 잊고 있던 일기를 갖고 있는지 궁금했지만, 책상 서랍에 고이 간직한 것에는 이유가 있어 보인다. 외국으로 떠나기 며칠 전이라 준비에 바빠 이유를 묻는 것은 미루었다.

'일기 사건'을 알고 1년 후, 방학이 되어 집에 온 딸에게 어떻게 해서 일기장을 갖고 있는지 물었다. "중학교 3학년 때 창고에서 겨울 옷 찾으려다 못 보던 상자를 열었는데, 엄마 옛날에 입던 옷 속에 웬 노트가 있어서 꺼내보니 엄마 일기였어요." 아이는 중학교 때부터 20대까지 몇 차례씩 읽어보던 나의 일기를 거의 외우고 있었다. 그 일기를 쓴 시기는 지금의 딸과 비슷한 나이였다.

딸이 들려준 일기 내용이다.

'내가 꿈꾸었던 결혼 생활이 이런 것이었나. 남편은 아침에 나가면 저녁에 들어와 식사 후, 1시간 정도 머물다가 다시 도서관으로 가서 새벽에 들어온다. 온종일 이야기 할 사람이 없다. 남편이 타인 같다. 끝없이 혼자다.

요즘 아기에게도 엄마로서 먹이고, 입혀주는 기본적인 양육만 한다. 그런 엄마에게 아기가 나를 일깨워주는 뜻밖의 말을 했다. 공부를 마치고 한국으로 떠난 선배가 물려준 고물 전축으로 모차르트 바이올린 협주곡을 틀었더니, 아이가 갑자기 "엄마 나 음악 속으로 들어갈래요." 하며 머리를 전축 속으로 넣는다. 귀여운 모습과 말에 그 동안 멀리했던 음악과 문학이 떠올라 가슴이 싸아했다. "전축이 작아서 우리는 못 들어가. 그래서 엄마도 엄마 옛날 사진으로 들어갈 수가 없어." 아가는 음악이 아름다워 음악으로 들어가고 싶어 하지만, 나는 결혼 전 자유롭고 경제적 여유가 있던 시절로 돌아가고 싶다. 나는 자신으로 돌아가고 싶다는 표현을 아기에게는 사진이란 단순한 작은 사물로 설명하고 말았다.

내 일기를 요약한 내용을 딸에게 듣고 참 난감했다. 딸은 원초적인 인간의 외로움을 토로한 것을 어떻게 이해했을까. 내 의문을 아는 듯, 딸은 엄마로서가 아닌 여자로서 일기에 쓰여진 이야기에 통감한다고 말한다. 그 시절 엄마 사진을 보면 밝게 웃은 게 없었고, 사람들이 아름다운 도시에 살아서 좋겠다고 했을 때 아무 말도 않던 엄마가 기억난다고 했다. 일기에 쓴 〈목마와 숙녀〉를 읽으며 버지니아 울프에 대한 관심이 그때부터 싹텄다고 한다.

당황하면서도 딸이 성큼 내게 다가온 것 같은 느낌이 들었다. 혼자 하는 외국생활과 전공인 '문화'가 힘들어, 그 아이는 내가 썼던 일기의 몇 배를 쓰고 온 것처럼 보였다. 우리는 서로 친구가 되어 이야기했다.

언젠가 내가 딸에게 이야기했던 '인간에게 기대는 하지 마라, 그러나 희망은 버리지 마라.'는 말로 딸은 사람에게 헛된 기대를 하지 않게 됐다고 고백했다. 나는 딸이 메일에 '예술을 한다는 것은 축복이자 저주'라는 말을 썼을 때 '네가 예술의 근처에는 갔구나.'하는 생각과 동시에 얼마나 힘든지 알았다는 얘기를 나누었다.

한 송이 꽃에서 우주를 보았다는 영국시인의 말을 떠올렸다. 딸의 모습에 내가 있고 그 아이의 고뇌에서 인간실존의 괴로움을 읽었다. 부정적인 얘기에서 끝나지 않고, 함께 하나님 얘기를 나눌 수 있음에 깊이 감사했다.

중학교 때부터 내 속 마음을 알아버린 딸에게 위엄 있는 엄마인 척 해봐야 소용없겠지만, 일기 도난 사건을 야단치겠다고 '폼'을 잡았다. 딸이 깔깔 웃으며 놀리듯이 "엄마, 비도 오는데 우리 커피 한 잔 할까요." 조금 창피한 마음이 들어 "그래." 하며 일어선다.

하늘이 넓은 곳

안주하고 싶은 마음과 변화를 갈망하는 마음이 하루에도 몇 번씩 오간다. 두 마음은 줄의 한 끝을 잡고 서로 놓지 않는다. 가운데 금을 긋고 한쪽이 선을 넘어가면, 다른 쪽이 다시 잡아 당긴다. 그 당김이 팽팽하여 끊어질 것 같은 무렵, 남편이 대학에서 안식년을 얻었다.

떠난다는 것은 지난 생활을 정리하며 자신을 뒤돌아보게 한다. 여행의 시작인 떠나는 준비는 무질서하고 힘들었다. 갑자기 발병한 목 디스크 때문에 고개를 숙일 수도 없고 무거운 것을 들 수도 없다. 성경에서 교만한 자를 '목이 곧은 백성'이라고 칭한다. 밑을 내려다볼 수 없을 정도로 목에 통증이 올 때면, 잉태된 나의 교만과 남을 귀하게 여기지 않은 이기심이 떠올랐다.

짐을 싸며 물질에 대한 애착과 미련에서 자신을 다스린다는 것이 참으로 힘들다는 것을 다시 한번 느꼈다. 짐을 줄이기 위해 작은 가방에 싸기 시작했는데, 집에 있는 가방으로는 필요한 물건들을 다 넣을 수가 없었다. 드디어 공항에서 볼 때마다 흉보던 김장독 같은 이민 가방을 샀다. 지금은 필수품이라고 생각하는 것이 환경이 다른 곳에 가면 필요 없게 될 것을 예측하지 못한 채, 아홉 개의 가방 속에는 일 년 동안 짊어지고 있어야 할 세상의 백팔번뇌가 어깨를 눌렀다.

평생에 한 번, 속탈俗脫하는 마음으로 공항에 여권과 비행기표, 지갑만 들고 떠나는 여행을 해야겠다고 다짐했다. 작은 짐 하나로 조금은 허전하게 떠나는 여행, 떠남을 조용히 준비할 수 있다면 그 사람은 하루하루를 열심히 살아 낸 사람일 텐데….

아이오와 – 인디언 말로 '아름다운 곳'이란 뜻이다. 나는 아름다운 곳을 향해 떠나는데, 미국을 다녀 온 사람들이 대학과 옥수수밭뿐이고, 즐길 것이 없는 곳에 왜 가느냐고 말린다. 즐긴다는 말 속에는 도시 문화와 향락이 포함된 뜻일 게다. 아름다운 곳이 황량한 곳으로 느껴질 즈음, 아이오와에서 학위를 하고 온 교수가 "볼 것은 없는데 사방이 평원이어서, 그곳 하늘은 넓어요."라고 말한다. 하늘이 넓은 곳이란 말에 가슴이 펴지고 동공이 열렸다. 맑음과 푸름에 젖고 싶었다.

아파트 베란다에서는 북두칠성을 네 개밖에 볼 수 없다. 건너편 건물에 가려서 항상 조각난 하늘만 보인다. 별 자리가 펼쳐진 하늘에서 의자에 거꾸로 매달려 있는 카시오페이아 별자리를 보며 에티오피아 왕비가 영화로운 자리에서 잘못 누린 허영과 자만에 대한 형벌을 생각할 것이고, 별똥별이 떨어지면 소원을 빌며 꽉 차있는 가슴을 비울 것이다.

항상 무채색 같은 나의 글에 고개를 돌리곤 했는데, 사방에서 하늘이 보이면 마음과 손을 푸르게 물들여 하늘이 담긴 수필 한 편 쓰기를 염원했다. 그곳 평원의 이슬도 푸른빛을 담고 있을까를 생각하며 마종기의 〈이슬의 눈〉을 떠올렸다. 맑고 찬 이슬의 눈을 며칠이고 보면서 시詩 한편 건지고 이유 없는 목마름도 해갈 되기를 바라는 시인처럼, 커다란 변화를 기대하지 말고 하늘이 넓은 햇빛 아래 서서 여행자의 허허로운 마음과 방랑자의 자유를 가슴에 품기로 했다.

가장 좋은 여행지는 이야기가 있는 곳이다.

문화 유적이 있는 곳은 옛 이야기를 들려주고, 좋은 예술작품은 느낌으로 얘기를 건넨다. 어느 때는 여행지에서 만난 좋은 사람과의 대화가 기념품이나 사진보다 더 큰 추억이 된다. 풍경이 그림일 때 생각은 선율을 만든다.

이번 여행에서는 이제껏 내가 나에게 들려주지 못 했던 얘기를 들으며, 감춰진 모습도 만날 수 있다면 어느 곳보다 좋은 여행지가 되리라.

나를 만나는 순간, 어떤 만남보다 설레는 그 순간이 기다려진다.

JESUS@HEAVEN.SKY

흑인으로 오신 하나님을 뵈었습니다.

성스러운 하나님만 익숙했는데, 오늘 '브루스 올 마이티' 화면 속의 하나님은 청소부 차림으로 빗자루를 들고 계시네요. 유머 넘치는 모습으로 나타나시어 인간의 마음을 꿰뚫어 보시면서도 그 눈에 사랑이 가득 차 있으시군요.

앵커가 되지 못해 모든 게 불만투성이인 영화의 주인공이자 방송 리포터인 브루스는 사실 저의 모습이기도 하지요. 부족함을 깨닫게 하기 위해 하나님의 일을 브루스에게 맡기고 휴가를 떠나시는 하나님은 얼마나 현대적이고 쿨한 분이신지요.

영화를 보면서 돌에 눌린 것 같은 가슴이 되었습니다. 간절히 기도를 드리고 싶었습니다. 불만에 차 더 풍족한 것을 원하는 브루스의 기도. 기도라기보다 하나님께 불평만 늘어놓는 그런

기도에도 응답하시는 분이기에 저도 하나님께 어린마음으로 메일을 띄웁니다.

하나님께

당신의 형상으로 인간을 만드신 하나님, 태곳적 우리에게 서로 마음을 나누라고, 생각을 전하고 느낌을 표현하라고 하나의 언어만 주셨지요.

언어의 사용으로 우리를 다른 동물과 구별되게 하셨는데, 인간의 교만은 바벨탑을 쌓았지요. 하나님께서는 진노하셨지요. 언어를 혼잡하게 만드시어 심판하셨고, 흩어진 언어는 흑암의 단절을 가져왔습니다.

하나님, 이 징계는 기나긴 세월이 흘러도 풀어지지 않는 건가요. 제 머릿속 언어와 표현하고 싶은 언어는 서로 단절되어 생각한 것을, 느낀 것을 표현할 수가 없습니다.

조상의 죄, 아니 콜타르같이 검고 씻기지 않는 저의 죄임을 압니다. 그러나 이제 용서를 비오니 이 단절과 혼란에서 벗어나 에덴의 순수한 언어로 돌아가게 하옵소서.

단 한 순간이라도 엄마 같은 따뜻한 체온을 느낄 수 있는 문장을 써서 부모 잃은 아이의 얼음 같은 고독을 달래고, 아들 잃은 어미의 깊은 상흔을 어루만질 수 있게 하시며 아주 작은 부분이라도 남편 잃은 여인의 눈에 어리는 슬픔의 그늘을 걷어낼 수 있게 하소서.

오직 한번 만이라도 병든 자에게, 그들의 아픔이 치유될 수 있다는 믿음을 갖게 하는 소망의 언어를 전하게 하소서. 부와 출세, 성공에 갇혀 구름의 자유와 서늘한 바람의 감촉을 느끼지 못하는 수인들에게 백합의 향기를 전하게 하소서.

마음이 바위같이 굳어 눈물이 없는 사람들에게, 한 방울 맑은 눈물을 흐르게 하여 가슴에 고여 있는 한恨의 물이 썩지 않고 희석 될 수 있는, 한 편의 수필을 쓰게 하소서.

웃음을 잃고 얼굴이 화석 같은 사람에게 어린아이의 웃음과 솜털 같은 감성을 전해, 그 풍요가 큰 축복임을 깨닫게 하여 희미한 미소나마 짓게 하소서.

그러나 하나님, 이렇게 할 수 있는 언어는 어디 있는 건가요. 찾을 능력이 없습니다. 부족합니다. 주저앉아 일어설 수가 없습니다. 다만, 언어를 사랑하는 마음뿐입니다. 사랑한다는 말조차 드릴 수가 없군요. 사랑한다면 저의 언어를 그렇게 초라하게 버려두지는 않았겠지요.

어쩌면 좋겠습니까. 그 숨어 있는 보물섬을 끝도 없이 넓고 넓은 바다 어디에서 찾겠습니까. 그 먼 길, 제 약한 조각배로는 갈 수가 없는 곳인가요. 하지만 다시 항구로 가기에는 회항조차 어렵습니다.

손을 보라고요? 그렇군요. 제 손에는 작지만 아직 부러지지 않은 노가 있었군요. 이미 터지고 물집 잡힌 손바닥이지만 열심히 저어 보겠습니다.

하나님께서 도착지에 다다를 때까지 방향을 잃지 않고 거친 항해에 암초와 부딪쳐 침몰하지 않게만 도와주세요. 바다 속 깊은 곳에 가라앉아 거품이 되지 않게만 하옵소서. 파도에 휩쓸려 사라지지만 않는다면 하나님 주신 노로 열심히 저어 보겠나이다.

어둔 밤바다에 달빛을 주신 하나님, 암담하여 앞이 보이지 않는 제게 말씀의 징표로 깨닫게 해 주심을 감사드립니다.

영화 같은 수필

수필에서 영화를 보고 영화에서 수필을 읽는다.

수필가, 그는

수필가의 자세는 노련한 배우의 숙련된 연기 같아야 한다. 배우가 고정된 스타일의 연기만을 오래 지속할 경우 연기자의 생명이 짧다. 맡은 역할에 따라 변신하는 배우들이 있다. 로버트 드니로는 '분노의 주먹'에서 이십 대에서 오십 대까지의 권투 선수 역을 맡아 수십 킬로의 몸무게를 늘리고, 〈퐁네프의 연인들〉의 데니 라방은 다리 위의 거지 역할을 위해 몇 달씩 목욕을 하지 않았다. 성격 배우들의 깊은 내면 연기는 끊임없는 노력과 연습이 갖다 준 결과이다. 영화에서 환자의 역을 맡고 촬영이 끝나면 배역에 몰입한 배우는 얼마동안 심하게 앓는다. 이런 철저한 프로 정신에서 한 편의 수필이 태어나야 한다. 수필을 쓸 때 영화감독 같은 절절한 마음과 절박한 몸짓이 필요하다.

수필가의 눈

영화를 촬영하듯 수필을 쓴다면, 수필가의 눈은 카메라 렌즈여야 한다. 영화에서는 카메라가 아름다운 영상을 만들기 위해 시간과 공간을 자유롭게 넘나들며 인간과 자연의 모습을 찍는다. 인물과 배경은 고정적인 구도에 머물지 않고 카메라에 의해 끊임없이 변하고 창조된다. 피사체와는 클로즈 업과 롱 숏으로 함께 호흡하며 움직임의 변화를 포착한다.

수필에서는 오감에 카메라가 장치되어, 피사체를 찍듯이 다양하고 깊이 있게 표현해야 한다. 인간에 밀착하여 본성 그대로를 그려내기도 하며, 객관적으로 판단할 수 있는 이성의 눈도 가져야 한다. 자연을 볼 때는 숲도 보지만, 작은 꽃 한 송이에서 꽃술이 어떻게 변화하는지를 살펴 그 미세한 움직임에도 눈길을 주어야 한다. 이런 눈으로 쓴 잊지 못 할 몇 줄의 문장을 위해 맑게 닦여진 투명한 렌즈를 준비한다.

수필의 색

수필에 색깔을 칠한다. 과거를 추억하는 꿈 같은 서정의 파스텔 색만이 아닌 다양한 색을 입힌다. 흑백 화면의 모노톤이 깊이는 있지만, 컬러가 쓰이고 영화가 더 발전했듯이 온갖 색깔의 다양한 수필이 나와야 한다. 어릴 적 12가지 크레용만 쓰다가 36가지 크레파스를 선물 받고는 그날 밤, 잠을 못 이루었다. 그 후 수채화를 쓰기 시작하고는 빨강 다음에 주황만 있는 게 아니고, 빨강과 주황을 같은 농도로 섞으면 스칼렛이란 색이 나오는 것을 알았다. 무한한 색의 수만큼 인간과 자연에서 일어나는 격하며 고요한 이야기가 수필에 펼쳐져야 한다.

수필의 어둠과 밝음

수필은, 삶이 어둠과 밝음의 시소놀이 같다는 것을 알려야 한다. 조명의 예술이기도 한 영화같이 인생의 밝은 면과 어두운 면을 모두 표현해야 한다. 영화는 조명에 따라 화면의 분위기가 달라진다. 조명을 빛의 강도에 따라 하이 키와 로우 키로 구분하여, 빛과 그림자의 비율을 조정한다. 삶의 아름다운 면만 보이면 빛이 너무 밝아 화면에서 어떤 것도 찾을 수 없고, 어두운 면만 쓰면 암전된 화면 같아 아무것도 볼 수 없다. 수필도 빛과 그림자가 조화 되어야 삶이 더욱 아름답다는 것을 알릴 수 있다.

수필의 목소리

수필에서 음악을 들을 수 있다면 그 수필은 영원히 잊지 못한다. 영화에서 음악은 영상만큼 중요하다. 배우와 감독은 잊어도 주제 음악은 몇 십년이 흘러도 기억나는 영화가 많다. 〈닥터지바고〉에서 '라라의 테마음악'은 러시아의 설원이 생각나게 하고, 'calling you'가 들리면 〈바그다드 카페〉의 서툰 마술이 보고 싶어진다. 〈서편제〉에서 김수철의 음악은 한국의 산과 들이 얼마나 아름다운지를 들려준다.

좋은 카페에서 대화를 나눌 때 음악과 함께 하는 얘기는 지루하지 않듯이 수필에서도 멜로디가 흘러야 한다. 악기 전체가 어우러지는 교향악의 하모니거나, 귀족의 품위가 느껴지는 실내악도 좋고, 가끔은 인간의 살 냄새 풍기는 유행가도 좋다. 작가와 독자가 함께 부를 수 있는 작품의 주제가가 있으면 좋겠다. 음악이 영화의 분위기를 결정하듯, 작가의 개성과 고유한 목소리가 수필에 녹아 있어야 한다.

수필의 나이

수필에서는 신선한 과일 향이 풍겨야 한다. 영화가 시작되고 10분이 지나면 영화의 흐름과 전개, 결말까지 예측되는 영화도 있고, 상영 중간에 영화관을 나오는 영화도 있다. 감독은 두 시간 동안 어둠 속에서 관객을 몰입시키기 위해, 새롭고 재미있으며 미래 지향적인 것을 만들기 위해 고심한다.

요즈음 젊은이들은 일본 감독 이와이 슌지를 좋아한다. 그는 '러브레터'에서 누구나 겪는 사춘기의 사랑과 아픔을 풋사과의 맛처럼 신선하게 표현했다. 강요하며 힘주어 말하려 하지 않고, 억지로 꾸미지 않은 영화는 신세대의 미소를 닮았다.

수필도 새로운 주제와 형식의 추구로 젊어져야 한다. 중년이 되어 지난 시간만을 회상하거나 교훈을 외치는 식상한 글이 아닌, 이십대와 함께 읽고 대화할 수 있는 내용이어야 한다. 영화에서 상업성과 예술성이 충돌하듯 수필에서도 메시지와 재미가 갈등한다.

연필을 놓으며

퇴고하지 않은 수필은 편집하지 않은 영화와 같다. 촬영을 끝낸 영화는 편집 작업에 들어간다. 부적절한 장면, 불필요한 앵글을 없애고 필요한 장면들을 남긴다. 편집 기사는 배열과 리듬, 영상과 소리와의 관계를 중시하며 필름을 잘라내고 삽입한다. 이 편집 과정에서 군살이 없는 인체, 잘 전지된 나무처럼 한 편의 명화가 탄생한다.

수필에서 퇴고의 과정이 글을 쓸 때보다 더 힘들 때가 있다. 처음에 적합하다고 생각되던 단어가 전혀 어울리지 않기도 하고, 때때로 엉뚱한 문장이 보일 때도 있다. 자신의 눈에 보이지 않던 것이 다른 사람이 읽을 때는 환히 드러나 보인다. 나의 결점은 모르고 타인의 결점은 한눈에 보이는 교만한 모습이 퇴고의 과정에서 보인다. 퇴고를 하며 겸손을 배운다.

다시 보고 싶은 영화 같은 수필, 타인의 가슴에 남아 있을 한 편의 이야기는 어디 있는가.

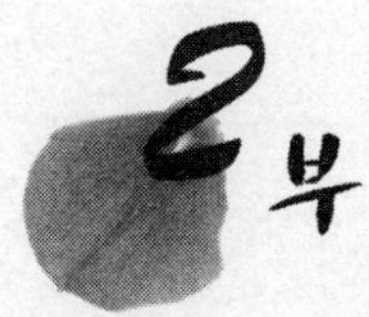

2부

도심 속 오아시스에 가다

흰색의 순수와 침묵

실존 여행

바흐의 울림

구겐하임의 귀고리

어린 왕자 패러디 Ⅱ

아담의 언어를 찾아서

머물고 싶은 집

P. E. N

이 풍진 세상

도심 속 오아시스에 가다

이 시대의 문화는 단정적이고 경직된 사고를 배재 한다. 사각의 틀에 갇힌 고정적 사고는 낡아서 스러지고, 사고의 틀은 사각형에서 서서히 육각형으로 바뀌고 있다. 각이 점점 많아져 원에 가까워지면 '메가트렌드'에서 '마이크로트렌드' 시대를 맞아 각기 다른 소수의 문화를 인정하게 될 것이다.

2005년 10월부터 정이현의 ≪달콤한 나의 도시≫가 조선일보에 연재됐다. 도시에 사는 31살 여주인공의 일과 연애가 도발적이며 감각적으로 표현되었고, 개성 있는 인물 묘사와 대화는 신선했다.

이 소설을 읽고 젊은 세대는 공감했고 중년여성은 "우리 집 아이들도 같은 생각을 할까" 라며 우려했다. 중장년의 남성독자는 보수적 일간지의 연재소설이니 '도발적이고 발칙한' 표현이 나와도 으흠, 기침 한번 하고 닫힌 커튼을 열어보는 호기심으로 반응했다. 그리고 연재가 계속되는 동안 매일 아침 자신들의 사고가 얼마나 경직된 것인지 느꼈다.

이전의 여성소설은 전통과 가부장제의 희생물이 되거나 여성으로서 사회에서 부당한 차별을 받아, 그것에 저항하는 모습이 주를 이루었다. 그러나 정이현 소설의 주인공은 자유롭고 사회의 제도에 얽매이지 않는 독립적이고 자유로운 여성상을 보여줘 변화하는 여성상과 문화트렌드를 읽을 수 있다.

예전의 단골서점은 서가가 한눈에 들어왔고 분위기는 고즈넉했다. 지금 내가 가는 서점은 쇼핑센터 같다. 편리한 대형서점에서 산책하듯 책을 구경하고 문구를 산다. 정이현의 산문집 ≪작별≫을 고른 것은 젊은 작가의 육성으로 도시의 문화를 체험하기 위해서다.

도심 속 오아시스

대형 서점을 나와 '도심의 오아시스, 제 3의 공간' 인 20세기 감성마케팅으로 성공한 스타벅스로 간다. 기분 좋은 커피향과 음악, 편안한 인테리어와 미소로 고객을 맞는 마케팅은 안온함과 따듯함으로 휴식을 준다.

주문하기 전 복잡한 메뉴에 대해 자세히 묻고 커피를 주문한다. 주문한 커피는 '부족한 2%'를 채우기 위해 시럽과 계피를 더 넣어 내 취향에 맞는 커피를 만든다. 십여 년 전, 어두컴컴한 실내에서 모두가 비슷한 맛으로 마셨던 커피, 설탕, 크림의 일률적인 비율은 깨졌다. 커피도 메가트렌드에서 마이크로트렌드로 바뀌었다.

3면이 통유리로 되어 있는 실내에는 서너 명이 노트북을 열고 자기 일에 빠져 있다. 옆 사람에게는 전혀 신경을 쓰지 않는다. 똑같은 모양의 의자 대신 높이가 다른 테이블과 소파에서 다양한 모습으로 커피를 마시고 있었다. 책을 펴고 주위를 둘러본다. 편한 의자에 앉아 토플 공부에 열중인 20대. 열심히 휴대전화로 문자를 날리는 남학생. 한 여대생이 루이비통 짝퉁 가방을 무릎에 놓고 친구에게 화장 트러블이 없는 클리닉 화장품을 설명하고 있다. 의자에 있는 백화점 봉투는 물건으로 꽉 차 불룩하다.

휴지를 가져오려고 출입구 쪽으로 간다. 다른 나라에 비해 월등하게 비싼 우리나라 커피 값을 지불하고도 아깝지 않을 정도의 볼거리가 있다. 예술 같은 각선미에 시선을 멈춘다. 여자는 몇 달치 월급을 주고 다듬은 듯 희고 긴 다리를 테이블 위에 올려놓고 도취한 듯 바라본다. 15센티 굽의 킬힐을 벗어 놓고 지나가는 사람의 시선이 머물러도 당당히, 오히려 더 쳐다보라는 듯 올려놓은 다리를 내려놓지 않는다. 오전 동안 사막 같은 회사에서 스타일을 위해 묶여 있던 발과 다리를 하이힐에서 해방시켜 오아시스에서 푸는 중이다. 그러나 한자리

건너 30대 직장인 남자는 흘긋거리기는커녕 달콤한 낮잠을 즐기고 있다.

초미니에 롱부츠, 팔찌만 한 귀걸이를 한 대학 초년생들은 혈액형과 외모 이야기에 한창이다. 커피를 마시고 휴대전화에 달린 립 그로스로 살짝 화장을 고친다. 요즘은 화장을 안한 듯한 누드화장이 유행이란다.

음악은 리듬 & 블루스풍의 '케세라세라'가 흐른다. 60년대에 유행했던 낡은 노래는 빈티지풍의 옷처럼 낡아서 사랑받는가 보다. 문화는 갑자기 솟아오르듯 탄생하지 않는다. 이 노래처럼 변하면서 새 모습을 찾는다. 스타벅스에서 인기 있는 자리는 창가다. 빈자리가 생겨 창가로 자리를 옮긴다.

문화의 밀림지대

중장년은 밝은 빛보다 어둠에 더 익숙하다. 열린 창문의 문화가 아니고 벽으로 갈라지고 닫힌 문화권에 속해 있다.

창밖으로 눈을 돌린다.

몸 담론에 빠진 이 시대가 한눈에 들어온다. 두 곳의 치과와 성형외과 간판이 제일 크다. 몸매 관리와 건강을 위해서 피트니스 클럽이 있고 나이키 매장이 있다. 종합화장품 가게는 향수를 즐기는 젊은이들의 취향에 맞게 향수 선전에 한창이다. 향수를 주위사람에게 향기로 좋은 인상을 주기 위해 뿌린다는 생각은 반세기 전 생각이다. 좋은 향기가 주는 고급 이미지를 향유하며 스스로 향을 즐기기 위해 2, 30대는 향수를 뿌린다. 향수는 패션의 마무리라고 한다.

요즘 젊은이들도 스트레스에 시달려 탈모가 많다. 탈모관리실 옆, 건강을 위해 웰빙 음식을 찾는 현대인을 위한 회전 초밥집도 있다. 'Smoothie king'. 기능성 과일 음료란 작은 글씨가 없다면 부드러운 왕은 도대체 무엇을 지칭하는지 읽고도 모를 간판이다. 영악한 20대는 몸에 나쁜 청량음료 대신 과일주스와 녹차를 즐긴다. 음식은 문화의 변화에 가장 민감하다.

SK telecom에서는 휴대전화를 초특가에 세일 한다는 포스터가 눈길을 끈다. IT 강국답게 한국정보통신기술 협회 간판은 멀리서도 잘 보인다. 그 뒤에는 20층 넘는 빌딩 공사가 한창이다. 그 빌딩 안에 무슨 산업이 들어올지는 예측할 수 없다. 빌딩이 완공할 무렵 유행은 바뀌고 트렌드는 변화할 테니까.

같음과 다름의 경계

≪작별≫을 펼쳤다.

히라가나를 배우는 것으로 수필은 시작한다. 외국인을 만나면 얼굴부터 벌게지는 부모 세대와 다르다. 일본이라면, 일본에 대한 지식도 없고 일본어도 모르면서 적개심부터 내세우는 역사적 피해의식에 사로잡힌 세대는 지났다. 정이현은 일본

작가, 중국 작가를 만나고 미국 소설을 읽는다. 중장년의 수필가들이 허구와 상상, 낯설게 함에 허덕이고 있을 때 30대, 그들은 허구와 상상을 뛰어넘어 낯선 것에 익숙하게 적응한다.

책을 읽기 전, ≪작별≫이란 제목을 보고 정든 사람과의 작별을 쓴 것이라고 상상했다. 상상은 처참하게 빗나갔다. 작업실을 떠나며 작업실에 대해 쓴 글이었다. 예상은 빗나갔는데 책을 다 읽고 나서는 친숙한 느낌이 남는다. 그 느낌은 책의 부제인 '외로운 너를 위해 쓴다'란 문장에서 살며시 다가온다.

외로움.

내가 가진 스타벅스 컵에 그려진 에드워드 호퍼의 그림 〈밤의 사람들〉의 풍경이 전해 주던 쓴 블랙커피 맛 같던 느낌. 50년 전 그림이 왜 스타벅스 머그잔에 있을까.

문화가 바뀌어도 가슴 바닥에 깔린 감성은 같은 것이다. 인간 고립의 문제, 외로움의 실체는 떠나지 않고 언제나 우리 곁에 그림자처럼 머문다.

젊은이들은 넓은 창문을 통해 지나가는 사람을 보고, 지나가는 사람에게 나를 보여주지만, 그 창문들은 열 수가 없다. 에너지 절약 공법으로 지어진 현대 건물은 개인이 창문을 열 수 없다. 가깝고 열려 있는 사이에 투명한 경계는 디지털이 준 또 하나의 차가운 경계다.

그들의 밑바닥에 고인 고독의 앙금은, 녹말가루를 물에 푼 것처럼 위만 맑을 뿐 밑에는 외로움의 앙금이 있다. 디지털

시대가 풀어놓은 미래주의(futurism)의 금속가루를 가슴속 깊이 가라앉혀 놓았을 뿐이다. 0과 1의 조합인 디지털이 이처럼 문화를 바꾸어 놓았는데 무한한 숫자를 아는 인간은 또 어떻게 변할지.

넘쳐나는 편리함으로 만들어진 상업적 쉼터인 이곳, 잠시 피곤한 다리는 쉴 수 있어도 갈증을 풀 수 있는 영혼의 생수는 없다. 새로운 문화의 물결을 눈으로 확인한 날, 내 눈에 남아 있는 것은 계절을 알려주는 앙상한 겨울나무뿐이다.

흰색의 순수와 침묵

대화 속에는 침묵도 포함되어 있다. 말과 침묵은 서로 합하여 일체를 이룬다. 침묵은 대화의 결핍이 아니라, 충만이기도 하다. 대화 중에 말이 끊기면 때로는 왜 침묵하고 있는지, 침묵조차 설명하려고 한다. 인간은 말을 통해 존재를 확인하려 하지만 존재는 설명할수록 모호해진다.

침묵은 대화의 완성이다.

대화는 두 사람 사이에 떠도는 침묵과 오가는 시선으로 마침표를 찍는다. 침묵이 없는 대화는 마침표 없는 문장과 같아 다시 이어져야 한다. 의미 없는 말들이 오가기 시작하면 사고는 희미해지고 관계는 헐거워진다. 침묵이 두려워 끊임없이 말을 쏟아내는 여자는 화장이 두꺼울수록 예쁘다는 생각을 하거나, 노출이 심할수록 아름답게 보인다고 착각을 하는 여자와 같다.

침묵은 순결하므로 침묵하는 존재 그대로 두어야 한다.

상대방의 침묵을 부담스럽지 않게 생각하면 그 사람을 사랑하는 것이란 말이 있다. 말로 표현할수록 흐려지는 감정을 여러 번 경험했다. 사랑과 슬픔으로 가슴이 꽉 차서 아무 말도 할 수 없을 때, 그 순수의 상태에서 들리는 소리가 있다. 침묵의 소리다.

잊을 수 없는 흰색의 영상에서 순수를 만나고 침묵과 대화한 적이 있었다.

흰 사각의 캔버스

뉴욕 현대미술관에서 틀도 없는 사각의 캔버스 전체가 흰색인 작품을 보았다. 사방 일 미터 정도를 손으로 못 만지도록 줄로 막아 놓은 캔버스. 점 하나 없는 흰색의 공허. 근처에 있던 고갱의 화려하고 강한 색과 자코메티의 수없이 깎아 앙상한 고뇌의 조각도 사각의 흰 공간보다 충격이 작았다.

색깔들은 침묵하고 있었다.

무엇을 말하는 것인가. 작가의 의도를 생각하지 않고, 나는 그 흰 캔버스와 얘기를 한다.

흰빛은 점점 눈앞에서 확대되고, 머릿속이 하얗게 칠해지고 있다. 장소가 뉴욕임을 잊고 작가가 누구인가도 잊는다. 생활의 어려움도 생각나지 않는다. 무심한 흰색 속에서 한국의 많은 얼굴이 떠오른다. 졸업 앨범 속보다 더 많은 얼굴들이 찍혀 나온다. 그 흑백의 얼굴에서 사랑과 결별의 이야기를 떠올리고 한 사람씩 손을 잡는다.

달빛 아래 용서와 관용의 승화된 춤을 추던 처용이 떠오른다. 하얀 달빛 아래서 흰옷을 입고 마음을 하얗게 바래면서 분노를 껴안았을 처용이 화폭에서 말을 건넨다.

현실과 과거가 만나고 있다. 모든 색을 합해 검은 색을 만들고, 그 검은 색에 의미를 부여해 하얗게 바래는 작업을 머릿속에서 하고 있다. 공허 같은 흰색이 수 많은 얘기를 품고 있다. 그 작품 앞에 서 있는 몇 분간은 시간과 공간을 뛰어 넘고 끝없이 멀고 먼 거리감과 함께 안개가 몸을 휩싼다. 멀고 아득하다.

빈 캔버스를 "왜 그렇게 오래 보느냐."고 함께 간 사람이 말하지 않았다면, 연상 작용은 계속 되었을 것이다. 미술관을 나오며 뒤돌아보았을 때 멀리서 본 흰 사각형은 완강한 침묵으로 나를 보낸다.

한국에 돌아와 설명하기 힘든 일이 있을 때, 얘기를 해도 진실이 통하지 않거나, 끊임없이 말을 잇는 사람을 만날 때 흰 사각의 캔버스가 떠오른다. 그 작품은 '예술에 있어서 절대적 가치는 순수한 감정의 환원이고 모든 전통을 부정하니 빈 사각형이 남고, 그 사각의 공간은 더 커다란 세계로 확산한다'는 이론의 말레비치(Malevitch) 작품이었나 보다.

예술과 인간에게서 침묵의 소리를 들을 수 있을 때 비로소 이해의 길이 열린다. 흰 캔버스가 보여 주었던 침묵, 그것은 순수였다. 완전한 순수는 침묵으로 충만하다.

백지의 시

올해 신춘문예 당선 소감 중에서 〈없어진 시〉라는 제목만 있고 한 줄의 내용도 없는 시에 전율했다는 글을 읽었다. 당선자의 시보다 〈없어진 시〉의 흰 공백이 마음에서 떠나지를 않는다. 어떤 의도로 시인은 내용을 백지로 만들었을까. 백지의 의미를 생각해 본다.

백지인 것은 – 시를 쓰기 위한 시적 모험이고, 꾸미고 깎고 붙인 시어들에 대한 반발이고, 이미 표현하기 시작할 때부터 퇴색하는 아름다움이 안타까워서이고, 꿈에 절망하고 자신에게 실망한 아픔이고, 평범한 재주가 재능이 아니었음을 알기 때문이고, 뿌리와 전통 없는 사유의 가벼움에 식상하고, 간직하고 있던 고유의 노래와 멜로디를 빼앗겨서이다.

백지로밖에 표현 할 수 없었던 것은, 삶의 무게가 너무 무거워서이다. 가끔은 완전한 제로에서 출발해야 한다는 것을 깨달아서이고, 격랑 이는 바다를 헤치고 도착한 곳이 무인도임을 알아서이고, 헛된 일상에 질려서이고, 수렁 같은 대인 관계에서 빠져 나올 수 없어서이고, 현실의 질곡과 굴레에서 벗어나려는 몸부림이고, 묵상의 끝인 자유를 찾지 못해서이고, 소외된 아픔의 상처와 소멸되어 가는 시간이 아파서이다.

아니면,

시인의 혼이 불에 타버려 순수의 상태가 되고, 시인의 언어가 불에 녹아 침묵할 수밖에 없기 때문이다.

실존 여행

Yellow란 글씨는 자코메티의 조각 같다.

대부분의 인체 조각은 볼륨감이 있다. 그러나 자코메티의 조각은 가늘고 길어 서 있는 사람이 쓰러질 듯, 부서질 듯하다. 로댕이 살아있는 것 같은 근육의 아름다움을 표현했다면 자코메티는 인간 내면의 불안과 고독을 표현했다. 몸이 깎이고 깎인, 방황하는 자코메티의 조각을 보고 사르트르는 절대적 탐구자라 불렀다. 절대적 탐구자, 그는 영원히 고독하며 홀로인 존재다.

자코메티의 검은빛을 띠는 청동 조각을 보며 노란 빛 한 점을 떠올렸다. 노랑이 색 중에서 가장 모순되고 의존적인 색이어서일까. 투명한 햇빛이 노랗게 비추는 날은 빛이 가슴을 찔러 노란빛이 온몸에 퍼진다. 내면에 숨어 있던 보이지 않던 고독과 불안의 노란 점이 살아난다. 누구나 내면에 숨겨놓은 들키고 싶지 않은 한 점이다.

노랑의 밝은 채도와 순도는, 어두움이 내재하고 있는 사람을 외롭게 한다. 시기와 불안을 들추어내 자신이 너무 잘 보이기 때문에 드러나는 외로움. 이 노란 점의 파열이 ≪이방인≫에서 뫼르소가 작열하는 햇빛 아래 방아쇠를 당기게 했는지도 모른다.

예술가는 부조리와 모순 속에 살도록 운명 지어져 있다.

'설명할 수 있는 것을 설명하려는 것이 과학이라고 한다면, 설명할 수 없는 것을 설명하려는 것이 예술이다. 그리고 설명해서는 안 되는 것을 설명하려는 것이 종교다.' 이 모순에 도전한 빈센트 반 고흐의 고통이 진하게 깔린 영화 〈빈센트〉를 보면 노랑에 지치고, 그의 붓 터치를 따라가다 보면 불안정해져 의지해야 할 무엇을 찾지 않으면 쓰러질 것 같다.

고흐의 노랑은, 신의 색인 황금색이 지상으로 내려와 노랑으로 변모한다. 목사였던 고흐의 첫 목회지는 탄광촌이다. 그곳에서 고통스럽게 사는 인간을 보고 고흐는 성직 생활을 버리고 화가의 길을 간다. 황금빛을 마음에 품지 못하고 노랑의 모순에 몸부림치면서 그의 예술은 익어간다. 신앙에 의지하지 않고 현세에서 완성을 추구하는 운명의 부조리를 체험하며 몸부림친다.

고흐는 끝없이 아름답게 핀 들판에서 화폭 가득히 해바라기를 그려놓고, 그림을 한참 바라보다 검은색으로 지우고 해바라기 몇 송이를 꺾어 작업실로 가져간다. 고흐는 해바라기를 땅에서 자란 그대로의 모습보다 생명을 꺾어 자신의 고통과 꽃의 아픔에 동질감을 느끼며 작품을 완성한다. 꽃이 뿌리에서 잘리는 순간은 생명이 대지를 떠나 안식처를 잃는 순간이다.

정신적 방황을 하는 사람은 자연의 풍요를 느낄 여유가 없다. 고흐가 무르익은 보리밭 가운데로 가서 잠깐의 머뭇거림도 없이 권총으로 자신을 쏘고 피를 흘리며 가벼움마저 느끼게 하는 걸음으로 집으로 걸어갈 때, 자코메티의 작품에서 보았던 피할 수 없는 죽음을 보았다.

자살을 시도하고 사흘 후에 죽은 고흐의 마지막 부탁은 동생 데오에게 물고 있는 파이프를 채워 달라는 말이었다. 그가 채우고 싶었던 것은 그의 혼을 담은 화폭이었을 텐데….

고흐는 테오에게 생에서 가장 중요한 것은 여자도 사랑도 아닌 그림이라고 말했다. 목숨과 바꾼 고흐의 작품에 흐르는 피할 수 없는 진한 고통 자코메티의 작품에서 풍기는 실존의 허허로움은 홀로 서 있고자 하는 우리의 모습이고 예술의 실체다.

고뇌를 끝까지 감수하는 게 문학의 의무라는데 시간은 흐르고 나는 비틀거리며 끝없이 걷고 있다. 어디로 가는 것인지.

바흐의 울림

최근 신선한 시도를 한 CD 한 장을 발견했다.

바흐의 〈무반주 첼로모음곡〉을 야수아끼 시미주가 악기를 색소폰으로 바꾸어서 연주한다. 장소도 다른 세 곳에서 옮겨 다니며 연주하여 음의 차이를 느끼게 해준다. 그의 색소폰 소리는 바흐의 현악곡을 금관악기로 바꾸어 연주하여, 저음의 분위기에서 고음으로 바꾸어 새로운 바흐를 만나게 해 준다.

모음곡 1번은 개조된 창고에서, 2번은 지하 채석장에서, 3번은 오페라 하우스에서 녹음한 실험 정신은 더욱 파격적이다.

선문답 같다는 바흐의 음악. 단순하면서도 들을수록 진실이 느껴지는 선율을 따라 장소마다 다른 소리에 귀를 기울인다.

모음곡 1번은 버려진 창고에서 녹음했다.

음이 벽에 부딪혀 다시 되돌아 나오고 여음이 새로운 음과 어울려 화음을 만든다. 영상의 잔영을 보는 듯하다. 떨림이 깊고 낮은 음이 살아있는 듯 들린다. 화음이 길게 느껴지고 색소폰의 고음은 허공을 떠돈다. 음악의 분위기는 흐린 날, 멀리서 본 헤어진 연인의 뒷모습 같다.

음표들은 창고가 주는 공간 속으로 날아다니며 반갑게 만나고, 손을 흔들며 인사한다. 하나, 둘, 떠다니는 비눗방울이 모여 오색의 화음을 만드는 듯하다. 색소폰의 한 음은 외로움의 조각이 되고, 높은 음 하나는 찢긴 편지의 조각이 되어 흰나비처럼 공간을 헤맨다.

음악은 빛이 되어 어둡던 창고의 빈 구석들을 소리로 깨어나게 한다. 무생명의 공간은 생명을 맞아들인다. 버려진 창고는 숨결로 채워진 듯하다. 무채색의 공간은 음악의 주고받는 소리로 꽉 차서 마치 연인이 대화를 나누는 것처럼 들린다. 주고받는 고저의 음은 그들의 사랑과 고뇌, 슬픔을 얘기하는 듯하다. 인간의 소리를 듣게 한다.

모음곡 2번은 지하 채석장에서 만났다.

마음에 깊은 파장을 주는 소리다. 색소폰 소리는 고향을 찾은 듯 깊고, 음은 멀리 퍼져 되돌아오지 않는다. 자연 속으로 순화되어 음악은, 돌들을 따뜻하게 감싸주며 온기를 전해준다. 돌 속을 통과하여 지하로 내려가는 화음은, 에우리디케를 부르는 오르페우스의 노래처럼 하데스 신의 마음도 흔들어 놓을 듯하다. 음의 어울림과 함께 악기를 들고 지하로 한 발씩 내려가는 연주가의 발걸음 소리도 들리는 듯하다. 집을 등진 나그네의 긴 그림자 같은 그늘이 느껴진다.

색소폰을 들고 이 곳, 저 곳을 헤매다 지하 채석장까지 간 연주가는 자신의 음악에 대한 열정을 확인한 순간, 번민에 찬 회의가 함께 하는 듯하다. 슬픔이 흐르는 듯 연주한다. 주위의 돌들을 보며 대자연 앞에서 예술혼의 빈약함을 느꼈는지 색소폰은 흐느끼며 떨고 있다. 입으로는 색소폰을 통해 예술의 고뇌를 높고, 낮게 불고 있지만, 야수아끼 시미주 눈은 어쩌면 음악이 주는 한계와 올라가도 보이지 않는 예술의 정점에 이르지 못해 눈물이 고여 있을 것 같다. 떠나보낸 음들은 돌 속에 스며들어 손끝이 피가 나게 파도 보이지 않을 것이니까. 채석장에서 들리는 바흐가 '예술은 영원한 미완성'이라고 슬픔의 소리를 전한다.

오페라 하우스에서 녹음한 모음곡 3번의 음들은 화려하다.

완벽한 소리의 재현을 만난 듯하다. 음들은 물방울처럼 하나씩 떠다니다가, 서로 만나 커다란 구름을 만든다. 저음과 고음이 차별 없이 조화를 이룬다. 온실 속 꽃처럼 빛깔은 화려한데 깊은 향기가 없다. 삶의 진한 맛을 모르는 사람들의 파티 같다. 화음들은 푸르고 깨끗한 실내 풀장을 기분 좋게 유영하듯 매끄럽게 흐른다.

부딪치지 않고 사라지지 않은 소리들은 저마다 자신의 갈

곳을 알고, 제 자리를 찾는다. 멜로디는 인공의 기술에 유혹을 받아 오페라 하우스 구석구석으로 가서 가슴으로 되돌아오지 않는다. 기술적인 연주는 인간의 체취가 없고, 음악이 흘린 눈물의 흔적도 없다. 오페라 하우스에서 들려 준 연주는 영혼이 없는 메마른 음악이다.

내 글의 소리를 찾는다.

글에서 빈 창고에서처럼 부딪쳐 들리는 마음의 소리가 들리지 않는다. 낡고 쓸데없는 물건들로 마음이 꽉 차서 안 들리는 것일까. 채석장에서 들리는 마음의 깊은 소리를 들어야 하는데 도시의 소음으로 고막이 상처를 받았나, 아무 소리도 들리지 않는다. 어떤 울림도 오지 않는다. 메아리와 돌까지도 따뜻하게 해 주는 글의 멜로디를 찾아 나선다.

구겐하임의 귀고리

며칠 전 인사동에서 화랑을 하는 후배를 만났다. 그는 미술을 좋아하는 관람객을 만나면 쉽게 감동하고, 가끔은 이익을 남기지 않고 그림을 팔기도 한다. 그동안 어렵게 운영을 하더니 화랑 문을 닫게 될 형편이라며 힘들어한다. 경제적 계산보다 미술만을 사랑하는 후배의 경영철학이 우리나라 현실에 받아들여지지 않는 것이 안타깝다.

오래 전 뉴욕에 갔을 때 부러운 곳이 있었다. 막강한 경제력으로 세계 각국의 역사적 유물을 모아 놓은 메트로폴리탄박물관도 아니고, 뉴욕이 현대 미술의 중심임을 보여 주는 현대미술관도 아니었다. 개인의 힘으로 시작한 구겐하임미술관이다. 설립 당시, 페기 구겐하임, 개인 소장품으로 시작된 미술관에 지금은 20세기 거장들의 작품이 수없이 많다. 나선형으로 올라가며 작품을 보도록 설계된 미술관을 돌면서 페기 구겐하임이란 이름이 머리에서 떠나지를 않았다.

페기 구겐하임은 광산업에 성공한 아버지가 타이타닉 호에 승선해 사망한 후 막대한 재산을 물려받았다. 어릴 때부터 유럽 여행으로 미술품에 대한 안목을 높인 페기 구겐하임은, 작가의 명성이나 유행에 따르지 않고 자신의 눈으로 작품을 선택했다. 프랑스에서 장 콕도, 앙드레 지드가 드나들던 살롱과 '구게하임 존'이란 화랑을 경영하여 많은 예술가와 접하며 미술에 대한 안목을 높였다. 뉴욕으로 이주한 페기는, 막스 에른스트의 작품을 뉴욕으로 옮기고 화상들이 돌보지 않던 잭슨 폴록 같은 추상 표현주의 화가를 육성하였다. 페기의 후원이 없었다면 미국의 추상 표현주의는 지금처럼 발전하지 못했을 것이다.

페기는 엄청난 재산가여서 사치스런 생활을 할 수 있는데도 미술에 대한 열정으로 비싼 보석 대신 미술가의 작품으로 귀고리를 했다. 초현실주의와 추상주의 작가가 디자인한 귀고리를 한쪽씩 다르게 하고 두 미술 사조가 공평하다는 것을 보여주었다.

일제와 6·25 동란을 겪은 참으로 가난했던 시절, 한국 미술계에 페기 구겐하임 같은 후원자가 있었다면, 이중섭과 박수근의 작품은 지금보다 더 많이 전해졌을 것이다. 한국의 대표적 화가인 그들은 평생을 처절한 가난으로 인해 작품제작에 어려움을 겪었다.

현재 작품이 비싼 값에 팔리고 있는 박수근은 백내장을 수술해야 하는데 수술비가 없어 그림이 팔릴 때를 기다리다 시기를 놓쳐 한눈을 실명했다. 그의 그림에는 삶이 있고 기다림이 있고 세월이 있고, 인고가 있었다. 고통과 고뇌를 모두 가라앉혀 아름다움을 만들었다. 화가에 대한 글을 읽으며 화강암 질감의 작품에 피어난, 가난의 모진 세월을 견디어 낼 수밖에 없는 돌 같은 그의 예술혼이 다가왔다.

이중섭의 은박지 그림은, 미술 재료의 확대라는 의미를 지녀 뉴욕현대미술관에 소장되어 있다. 그 작품을 보는 외국의 관람객은 재료의 확대가 어떻게 생겨났는지 알까. 가난을 견딜 수 없어 가족을 일본으로 떠나보내고, 가족이 그리워 사진을 보고 눈물짓다가 그리움에 지쳐 밤이면 아내와 두 아들 목소리를 흉내 내며 혼자 대화를 했다는 것을. 캔버스가 없어 눈물 짓다 담뱃갑 은박지가 화폭이 된 것을. 은박지 그림의 점 하나가 작가의 눈물이고 선 하나가 가슴의 생채기임을.

1959년 9월 11일 박고석 화백이 이중섭을 보내는 화장터에서 쓴 조사에 '임종이 외롭다기보다 살림살이가 고달프다기보다 세상 사람들이 야속하다기보다 자네는 자네만 아름답게 살았고 좋은 그림을 남기고 가면 그만이라는 그 배짱은 도대체 어디서 생겨난 것인가'라는 글귀가 있다. 조사가 쓰인 책을 읽으며 나는 천재 미술가의 비극 앞에서 쩔쩔맸다. 이중섭은 극심한 어려움 속에서도 거리에서 불쌍한 사람을 만나면, 어렵게

판 그림값을 주저없이 주는 순수한 사람이었다 한다. 그린다는 것이 곧 산다는 것이었던 그림에 대한 열정을 가진 천재적 화가에게 한 사람의 후원자도 없어, 작품을 계속 할 수 없었던 시대와 환경이 서러웠다.

지금 같은 풍요의 시대, 작가들의 전시회는 끝없이 열리고 있다. 그러나 어쩌면 좋은가. 지금도 어느 한구석에는 아이디어가 있어도 작품 제작비가 없어 머릿속 작품을 만들지 못해 눈물짓는 미술가들은 많다.

인사동에 미술품을 투기의 목적으로 사는 미술 애호가는 많다. 그들 중에는 고가의 귀금속으로 치장한 사람도 있다. 순수한 미술 애호가로서 페기 구겐하임처럼 짝짝이 귀고리를 한 사람은 언제 만날 수 있을까.

어린 왕자 패러디 Ⅱ
– 부메랑

어린 왕자를 다시 만난 것은 오월의 끝 무렵이었습니다. 들을 가로지르는 바람은 부드러웠고 공기는 달콤했습니다. 라일락과 아카시아는 해가 져서 꽃이 잘 보이지 않지만, 달콤한 향기 때문에 어디 있는지 알 수 있지요. 아카시아 꽃의 여린 단맛을 맛보려고 꽃송이를 하나 땄습니다.

그때 나무 사이로, 그루터기에 앉아 땅을 내려다보는 어린 왕자를 보았습니다. 그 아이는 말을 하고 있을 때에도 고요함을 느끼게 하는 목소리와 어떤 불순한 것도 순수함으로 바꿀 수 있는 따뜻한 가슴을 가진 보석 같은 아이지요.

"안녕."

반가움에 큰 소리로 인사하던 나는 그 자리에 서서 더는 말을 잇지 못했습니다. 어린 왕자는 땅을 보며 울고 있었습니다.

자주 슬퍼하고 가끔 눈물을 글썽이기는 하지만 서럽게 우는 것은 처음 보았습니다. 5월이지만, 숲은 해가 지면 서늘한데 코트도 입고 있지 않았습니다. 어린 왕자가 처음에 어떤 모습으로 왔는지 기억하시지요. 땅에 끌리는 푸른색코트에 어깨에는 작은 노란 별을 달고, 부드러운 가죽 장화를 신고, 우리에게 처음으로 별들의 맑은 웃음소리를 듣게 해 주었지요.

그의 밝고 온화한 얼굴은 슬픔의 그늘로 얼룩져 있었습니다.

"사람들은 언제나 같은 모양을 하고 한 무리에 들어가야 되는 거야?"

어린 왕자는 항상 질문으로 얘기를 시작하지요. 그에 비해 나는 호기심이 줄어들고 의문보다는, 이미 답을 가진 견고한 상자 속에 생각을 가둔 어른이기에 그의 질문에 항상 당황합니다.

"누구를 만났는데… 어디 갔었어…."

그를 만나서 얘기하면 이상하게 자꾸 변명이나 설명을 하게 되어 질문으로 답을 바꾸었지요.

"나는 길들인 게 여우와 장미밖에 없어. 그래서 친구와 서로 길들인 관계를 갖고 싶었어. '열린 학교'라고 쓰인 잘 꾸며진 초등학교에 갔었는데… '열린 학교'는 교문만 열어놓은 학교야?"

"그게 아니고 교육을 열린 마음으로…."

마음이란 말이 나오자 어린 왕자는 괴로운 얼굴이 되었습니다.

"참 많은 아이가 운동장에서 놀고 있었어. 그렇게 많은 아이를 보니까 나는 가슴이 막 뛰었어. 별에는 내 또래가 없잖아.

그리고 행성을 여행하면서도 노는 아이들을 만난 적이 없어서 그곳으로 뛰어갔어. 그런데 아이들이 나를 보더니 손가락질을 하며 웃기 시작했어. 나는 왜 그러는지 잘 몰랐어.

그 아이들 얼굴은 모두 달랐는데 차림새는 거의 비슷했어. 그믐달 같기도 하고, 부메랑처럼 생긴 표시의 운동화를 신고 청바지는 삼각형 표시 속에 'Guess'라고 이름을 넣은 바지들을 입었어. 어디서 본 것 같았는데 생각해 보니까 사막에서 비행사 아저씨를 만났을 때, 고장 난 비행기를 고치면서 세워 놓은 삼각대와 닮았어. Guess, 무엇을 추측해보라는 건지 그것을 아이들과 함께 얘기해 보고 싶었어.

나는 제일 신나게 소리치며 놀던 아이에게 다가가서 같이 놀자고 했어. 그 아이는 나를 아래위로 보더니 함께 놀려면 부메랑 그림의 운동화를 신고 오래. 나는 운동화도 없지만 내 장화는 오래 신어 편해. 뛸 수도 있고, 공차기도 할 수 있거든. 코트만 벗고 이대로 함께 놀면 안 되냐고 물으니까, 떠들썩하던 아이들이 갑자기 조용해지면서 나한테서 한 걸음 물러나며 이상한 눈으로 쳐다봤어.

그때 나는 추워지는 것 같았어. 북극 위를 지날 때 느끼는 한기 같은 게 가슴을 스쳤는데 얼굴에서는 땀이 났어. 힘들었지만 다시 말을 꺼냈어. 내가 어느 별에서 왔는지 맞추어 볼래? 하고. 아이들은 별이란 말에 두 걸음 뒤로 갔어. 아이들에 빙 둘러싸인 내 모습은 원점과 원둘레 같았는데, 아이들은 점점 원점에서 멀어지는 거야. 원은 커지면서 흩어지기 시작했어.

나는 아이들을 잡고 싶었어. 그런데 내 팔이 친구들에게는 닿지를 못했어. 자리를 옮기면 어느 한 아이를 붙잡겠는데 움직일 수가 없었어. 꿈에서 너무 무서우면 꼼짝 못하는 것 알지? 그때하고 비슷했어. 내 별의 장미가 바람이 심하다고 고깔을 씌워 달라던 날, 사실 나도 무서운 꿈을 꾸었거든…."

평상시 뽀얗고 분홍빛 돌던 뺨은 양의 그림을 그려준 도화지처럼 하얘졌습니다. 어린 왕자는 파들파들 작은 입술을 떨면서 얘기를 계속했습니다.

"그 아이들은 내 말을 듣자 나를 운동장 한가운데 남기고 모두 다른 곳으로 가 버렸어. 몇몇 아이들은 운동장 모래를 나한테 뿌리기도 했어. 나는 화산을 청소할 때도, 소행성 여행도 혼자 했기 때문에 혼자 사는 게 슬픈지 몰랐어. 그런데 운동장 한가운데 나만 남았을 때는…."

어린 왕자는 울음을 참느라고 얼굴이 빨개졌습니다. 그 아이들과 놀려면 별 달린 코트는 왠지 안 어울릴 것 같아 운동장 구석에 벗어놓고 그냥 온 것은 나중에 설명해 주었습니다.

"햇빛 아래 혼자 어쩔 줄 모르고 있는데 어디서 피아노 소리가 났어. 모차르트의 미뉴에트를 치는 아이와는 길들을 수 있을 것 같아서 까만 피아노가 있는 교실 창문으로 갔어. 그 아이는 피아노는 치는데 그 곡이 모차르트라는 것을 전혀 마음에 두고 있지 않았어. 선생님이 가르치는 곡을 칠 뿐이었어. 음악

시간에 악기를 하나씩 연주하도록 학교 규칙이 되어 있대. 선생님이 나가자 아이는 옆의 아이에게 지겹다고 했어. 나는 모차르트를 들을 때는 노을을 안 봐도 되거든.”

어린 왕자는 자신의 장화에 붙은 민들레 씨를 한참 보더니 입으로 불어 멀리 날렸습니다.

“아무도 너한테 말 거는 아이가 없었니?”

대답은 일부러 하지 않는 것 같았습니다.

“옆 반에서는 그림을 그리고 있었어. 자연에 대한 것을 그리라고 했나 봐. 아이들은 화병에 꽂은 꽃, 나무, 새들을 그렸는데 아무도 하늘을 그린 아이가 없었어. 그 아이들 집에서는 하늘을 볼 수 없대. 하늘을 볼 수 없는 아이들하고는 할 얘기가 없어. 별과 친하지 않은 아이에게 내 별에 대한 얘기를 어떻게 해. 하늘은 세상에서 제일 큰 그림이야. 구름이 만드는 그림보다 더 아름다운 그림은 없어.”

어린 왕자의 긴 말이 끝났을 때 숲속에는 어둠이 깔리기 시작했습니다. 푸른 코트를 찾으려고 학교 운동장에 가는 어린 왕자와 작별을 하면서 그가 운동장에 갔을 때는 아무도 없기를 바랐습니다.

빈 운동장의 적막이 아이들 속의 고독보다 어린 왕자의 가슴을 덜 아프게 할 것 같으니까요.

아담의 언어를 찾아서

언어는 인간의 환경을 비추는 거울이다.

최상의 언어를 찾아 문학인은 방황하고 고뇌한다. 내재된 언어능력은 어디서 오는지, 잉태된 것인지, 학습된 것인지, 완벽한 언어는 존재하는지, 수천 년 동안 변형된 언어의 원형은 어디에 있는지…, 의문이 꼬리를 문다. 이 의문은 모든 환경과 조건이 완벽했던 에덴에서는 어떤 언어가 있었는가로 이어진다.

'하나님께서 흙으로 온갖 들짐승들과 공중의 새들을 다 빚으시고 그것들을 아담에게로 데려오셔서 그가 어떻게 이름을 짓는지 보셨습니다. 아담이 각 생물을 무엇이라 부르든지 그것이 그의 이름이 됐습니다.'

창세기에 쓰여 있는 최초의 언어가 탄생되는 장면이다.

아담에 의해 탄생한 언어는 자신 앞에 있는 생물의 이름이었다. 성서학자들은 이 장면에서 언어학적 가설을 끌어냈다. 아담이 사물에 부여한 특정한 이름은 '누구라도 그 이름을 듣는 순간, 사물의 본질을 알 수 있는 가장 적합한 이름'이고 동시에 사물의 본질을 표현하는 기호체계라는 것이다.

아담의 예지적 능력은 하나님으로부터 받았기 때문에 사물을 꿰뚫어 볼 수 있고, 그 능력으로 지은 이름은 사물의 근원적 속성을 전달하는 명료한 '자연언어'로 만들어졌다. 자연언어란, 이름 속에 자신의 본질을 표현하고 드러내는 언어다. 이 최초의 언어에는 절대적 순수가 있다.

그러나 에덴을 떠난 인간이 신에게 도전하며 바벨탑을 세우고 우리는 혼돈된 바벨의 언어를 사용하게 되었다. 다시는 인간은 한 가지 자연언어로 우주의 창조물을 완벽하게 표현할 수 없게 되었다. 인간이 스스로 깨닫고자 하는 지적 욕망의 바벨탑이 높아 갈수록 혼돈은 깊어지고 순수는 멀어졌다.

타락한 바벨의 언어 속에 남아 있는 '아담의 언어'가 남긴 흔적은 미메시스 된 언어들이다. 학자와 시대에 따라 조금씩 다른 의미로 해석되고 있는 미메시스는 모방이라는 뜻이나, 단순한 모방이 아니고 예술에서는 표현의 의미로도 쓰인다. 벤야민은 인간의 미메시스 능력이, 시간이 흐르면서 언어 능력이나 창조 능력에 대체 된 것이 아니라 오히려 인간의 직관과 상상력에 작용하는 능력으로 보았다.

어느 미학자는 미메시스를, 한 유명배우가 미국 연기스쿨

워크숍에서 경험한 일로 설명했다. 파도를 연기하라는 과제가 주어졌다. 그 배우는 단순 모방인 손으로 파도가 출렁거리는 모습을 그렸는데 다른 외국 학생은 파도가 밀려와 바위에 부딪히는 모습을 '온몸을 뒤틀며' 연기를 했다. 이 두 배우의 표현으로 보면, 미메시스는 파도모양을 단순 모방하는 게 아니라 자신이 '파도 자체가 되어' 표현하는 것이다.

어린아이가 언어를 익히고 경험하는 과정도 미메시스적 특징을 보여준다.

남편의 유학시절, 우리가 타고 다닌 차는 15년이 넘은 낡은 차였다. 엔진 소리는 둔탁하고 차 표면은 페인트가 벗겨져 있었다. 어느 날 세 살짜리 딸아이와 함께 공원에 가던 중, 네거리에서 방향지시등을 켰다. 뒤에 조용히 앉아 있던 아이가 갑자기 "치컥, 치컥 치이컥"하는 소리를 냈다. 놀라서 돌아보며 무슨 소리냐고 물었더니 차 안에서 깜빡이는 방향지시등을 가리킨다.

아이가 말한 "치컥"이란 의성어는 차의 낡은 정도를 한마디로 드러냈고, 그즈음 우리 집 경제 상태도 표현된 소리였다. 어른이 사용하는 일상 언어로는 장황하게 설명해야 하는 것을 아이는 깜빡이에서 나는 소리로 단숨에 모든 상황을 전달했다. 어린아이의 순수함이 지각知覺한 미메시스적 언어였다.

미메시스는 충돌이고 만남이다. 가장 충만하고 순수한 순간 미메시스는 찾아온다. 사물을 보았을 때 느끼는 직감이 이성의 회로를 따라가 만나는 섬광 같은 순간이다. 그 짧은 순간 아담의 유전자는 빛을 내지만 불꽃의 순간은 연속 될 수 없다. 섬광이 이어져 불길이 되면 그 작가는 산화되어 버리기 때문이다. 바벨의 언어로 미메시스 된 작품을 지향한다는 것부터 맨발로 가시밭을 걷는 일이다.

아담의 언어가 있는 그 곳, 우리의 육체는 에덴과 어린아이의 세계로 돌아 갈 수가 없다.

아담의 언어 파편이 조금이라도 남아 있는 곳은 상상의 세계이다. 상상 속에서 선악과를 베물어 보기도 하고 유혹하는 뱀의 꼬리도 밟아본다. 두 무릎을 꿇게 하는 현실을 상상으로 우롱하며 훨훨 날아도 본다. 그러나 두발은 꿋꿋하게 대지를 딛고 걸어야만 한다. 그곳이 발이 푹푹 빠지는 사막의 모래 위라 할지라도 언젠가는 찬란한 오로라를 볼 수도 있다. 상상의 힘으로 무채색 같은 현실에 색을 입힌다. 글을 쓴다는 것은 흑백과 컬러 사이를 오가는 작업이다.

혼돈 속에서 허상의 오로라를 만나면 실재의 오아시스도 머지않다. 그 순간을 기다린다.

머물고 싶은 집

집은 단순한 조형물이 아니다. 한 사람의 역사가 살아 있고 추억이 쌓이는 곳이다. 집은 돌과 흙, 콘크리트의 무기물이 쌓여, 감정이 있고 관계가 형성되는 생명의 공간을 만들어낸다. 지금처럼 도시에 아파트가 겹겹이 지어지기 이전, 우리들의 집은 자연과 만날 수 있고 이웃과 정을 키우며 사는 나눔의 장소였다.

어린 시절, 봄에는 꽃밭에 꽃씨를 뿌렸다. 씨를 뿌리면 자연스레 기도하는 마음이 된다. 뿌려진 씨가 싹을 틔워 꽃을 잘 피우게 해 달라고 기원을 했다. 집은 신과 사람과 자연이 합일되는 곳이었다.

여름에는 마당에 등상을 내놓고 모기를 쫓으며 누워서 별을 보았다. 할머니가 들려주는 옛날이야기는 많이 들어 외울 정도가 됐지만 들을 때마다 달라지는 밤하늘은 끝없는 상상을 키워 주었다. 집은 문학을 마음에 품게 했다.

가을에는 온 식구가 하나가 되어 가을맞이를 했다. 누렇게 바랜 창호지를 뜯어내고 하얀 새것으로 바꾸었다. 새로 바른 창호지는 갓 빻은 떡 쌀을 볼 때처럼 마음이 뿌듯하고 풍요롭게 한다. 손잡이 근처 한 곳에 작은 단풍잎을 넣어 덧붙이면 계절은 방안으로 들어온다. 색 고운 낙엽을 고르는 것은 가을의 선물이었다. 집에서 계절의 변화를 느꼈다.

겨울 아침, 밤새 내린 눈 쓰는 소리를 들으면 추위가 더 느껴져 이불을 끌어당겨 덮곤 했다. 잎이 떨어진 겨울나무에 쌓인 눈과, 씨를 떨구고 황량해진 꽃밭을 보며 삶의 순환을 보았다.

지금 내가 사는 아파트는 어떤 모습인가.

주거 공간에 맞게 대가족은 핵가족이 되었고, 자연과 함께하는 생활도 힘들게 되었다. 우리 아이들은 사계절을 집에서는 느끼지 못한다. 항상 비슷한 온도를 유지하는 아파트에서는 몸이 기온의 변화를 못 느껴 아침이면 방송을 통해 일기예보를 확인하고 옷차림을 결정한다. 네모난 공간에서, 모난 사고방식 속에서, 담 없는 이웃과 담을 쌓고 지낸다. 부모 세대는 땅 위에 살던 추억이라도 있지만, 아파트에서 태어난 아이들에게 진정한 의미의 고향은 없다. 아파트에서 태어난 아이는 성장하고도 자신이 자라던 곳을 그리워하지 않는다. 다시 이사 간 아파트와 별 차이가 없기 때문이다.

아파트에 사는 사람들은 개성을 찾을 수 없는 구조와 공간이지만, 조금이라도 획일적인 것에서 벗어나 자신만의 차별화된 공간을 갖고자 내부를 개조하고 꾸민다.

얼마 전 친구가 두 달에 걸쳐 아파트 인테리어 공사를 마치고 친지 몇 사람을 초대했다. 벽은 흰색, 가구는 검은색과 메탈계통의 회색으로 꾸며 놓았다. 처음 들어갈 때는 세련된 분위기와 간결함에 모두 작은 함성을 질렀다. 그런데 시간이 지날수록 어딘가 불편한 느낌이 들었다. 앉은 의자도 푹신하고 음식도 맛있고 대화도 문화에 대한 유익한 화제였는데 빨리 일어나고 싶은 생각만 들었다. 밖으로 나오자 "휴우" 하고 긴 숨을 내쉬었다. 나만 빨리 나오고 싶었던 게 아니었다. 몇 사람이 같은 생각이었다. 친구의 아파트는 사람의 숨결이 느껴지지 않았다. 정장차림으로 허리를 조이고 앉아 굳은 얼굴로 허리를 펴고 차렷 자세로 있어야 될 것 같았다. 그곳에는 사람의 온기가 없었다.

집은 밖에서 돌아온 식구를 맞아들이는 곳이다. 피곤한 몸이 쉴 수 있고, 지친 신경을 풀어놓고, 닫혔던 마음을 열어 놓을 수 있는 곳이어야 한다.

어느 집에 들어가면 사람을 반기는 분위기가 있다.

밝고 안온하고, 가구는 번쩍이는 값비싼 외제 가구가 아니더라도 있어야 할 곳에 단아하게 있는 집. 이재의 목적으로 산 그림이 아니고 오랫 동안 그 화가의 그림을 좋아하다 생활비를 아끼며 산 그림 한 폭과 손으로 만지고 싶고, 보고 있으면 끝없는 얘기를 걸어오는 조각 한 점이 있는 집. 각 코너에서는 삶의 은은한 향기를 맡을 수 있고 조용한 이야기가 있는 집. 그 집의 주인은 품위 있고 마음 따뜻한 사람일 것이다.

옷으로 사람의 변화를 주기는 쉽다. 색을 맞추고 스타일을 잘 고르면 어느 정도는 외모를 짧은 시간에 바꿀 수 있다. 그러나 내면에서 우러나오는 교양과 아름다움은 짧은 시간에 꾸며지지 않는다. 집은 사람의 내면을 보여준다.

사업을 하는 친척분 집에 귀한 손님이 한 달간 머무를 일이 있다고 집을 꾸며야 한다며 커튼을 바꾸고 거실 소파를 바꾸었다. 해야 할 일은 한 두 가지로 끝나지 않았다. 소파에 양탄자 색이 안 맞고 식탁이 안 어울렸다. 집의 물건들은 도미노 게임처럼 잇달아 영향을 주어 손님이 오기 사흘 전, 집 주인은 완전히 지쳐버렸다.

집은 한편의 오페라와 같다.

집에 있는 모든 것들은 서로 어우러져 화음이 이루어져야 한다. 한 두 사람이 노래만 잘 한다고 성공한 오페라가 되는 것은 아니다. 노래를 받쳐주는 오케스트라가 있어야 되고, 스토리가 펼쳐질 무대 장치와 그에 맞는 의상이 있어야 되는 것처럼, 경제적 능력만 있다고 품위 있는 집이 되는 것이 아니다.

집 주인의 철학이 보이고 삶의 잔잔한 기쁨이 곳곳에 보여 머물고 싶은 집. 사람과 자연과 예술이 어우러진 집을 그려본다.

P. E. N

P의 언어는 향기롭다. 그 향기는 현실을 잠시 잊게 한다.

P의 얘기는 맑은 날보다는 흐린 날에 더 감미롭고 낮보다 밤에 더 잘 들린다. 그는 감탄하거나 분노를 삭일 때, 아름다운 모습을 보았을 때, 손가락이 파르르 떨린다. 푸른 정맥이 드러나는 가늘고 긴 손가락에서 그의 감각적인 매력이 나타난다. 가끔은 짧은 몇 마디로 자신의 깊은 마음을 전하는데, 그것을 이해하기 위해서는 그의 찰나의 눈빛을 붙잡아야 한다. 나는 항상 긴장하며 그를 응시해야 한다. P의 말은 절규로 들리기도 하고 통한의 신음 소리로도 들린다.

이러한 감각적인 면에 이끌려 시작된 만남은 시간이 흐르자 감정의 올무가 되었다. 그의 감정에 휘말려 훼척해 가는 자신을 살려야겠다는 생각이 들었다. 유약하지 않은 건강한 영혼의 소유자와 함께 길가의 꽃을 보며 함께 미소 짓고, 낙엽 쌓인 길을 걸을 때는 낙엽에서 죽음을 느끼기보다 단풍의 색에 물들고 싶어졌다.

그를 떠날 때 칼날 같은 몇 마디 말이 가슴에 선혈을 흘리게 했지만, 삶의 한 가운데서 건강하게 서 있고 싶은 마음이 더 강했다. 쓰러질 듯, 부서질 듯 서 있는 자코메티의 조각이 아닌 로댕의 살아 움직이는 생명이 그리웠다.

N과의 만남은 실내악 같던 P를 떠나고 교향악의 장중함에 매료되었을 때였다.

직장을 가진 사회인으로서 많은 계층의 사람들을 접한 N에게 듣는 삶의 이야기는 끝이 없다. 그의 이야기는 새벽 생선 시장에서 맡는 비린내 같고, 노동하고 흘린 땀 냄새 같다. 현실의 한가운데서 나는 삶의 냄새다.

N은 과거와 미래에 대해 끝없이 들려주었다. 어느 날 며칠이 가도 끝나지 않는 그 친구의 사랑 이야기를 들으며 주인공들을 만나고 싶어졌다. '그들을 어디에서 만날 수 있느냐'는 질문에 그는 희미한 미소를 지었다. 주인공들은 그의 어릴 적 친구가 아닌 머릿속에서만 존재하는 인물들이었다.

그때 재미있는 이야기를 계속 꾸며내야만 목숨을 부지했던 세헤라자드를 떠올렸다. 그는 영원히 글쓰기의 업을 지니고 태어나 목숨이 끝나야 비로소 벗어날 업의 무게로 괴로워하고 있었다. 만나고 한동안 다양한 삶의 모습을 전해 주던 N은 시간이 흐르자 생의 더 짙은 어두움과 깊은 절망을 전달하기 시작했다. 일식이 계속되는 듯한 그의 이야기를 듣고 있으면 이 땅에는 영영 해가 떠오를 것 같지 않았다.

어느 전시회에선가 가슴이 뚫린 조각이 있었다. 청동여인의 뚫어진 가슴에 손을 깊게 넣어 보았다. 팔이 끝까지 들어 간 순간, 혈압을 잴 때 팔을 누르는 것 같은 압박을 느꼈다. 가슴이 조여 왔다.

허구에서 느껴지는 허무의 바람은 나를 땅속까지 끌고 갈 것 같았다. 허무와 생살이 닿는 아픔을 견딜 수 없었다. 언어로 표현될 때부터 진실의 존재는 흩어지기 시작하지만, 그래도 남아있는 한 조각을 붙잡고 싶었다. 두 번째의 떠남은 처음보다 훨씬 힘들지만 고여 있어 썩지 않으려면 떠나야 했다.

E는 햇빛 아래서 밝은 웃음으로 만나 주었다.

그 웃음은 삶의 상처를 딛고 내적 괴로움을 승화시킨 것처럼 보인다. 그의 말은 진지하다. 그의 세상을 보는 눈은 따뜻하지만 날카로운 비평을 담고 있다.

타인에 대한 평가는 편협하지 않고 부정적이지 않다. 발은 대지를 튼튼히 딛고 머리는 하늘을 향해 있는 그의 삶의 태도에 신뢰가 간다. 자기만의 특수성을 찾으면서도 편견 없는 보편성을 가진 그에게서 온기를 느낀다. 함께 있으면 느껴지는 편안함은 안이함이 아니다. 새로운 것이나 자신과 다른 어떤 사람의 생각도 받아들이는 넓은 포용력 때문이다.

그의 예술에 대한 관심과 학문에 대한 끊임없는 연구는, 그가 한 자리에 머무르지 않고 더 넓고 높은 곳을 향한 몸부림으로 보여 연민과 함께 미래에 대한 비전을 갖게 한다. E는 삶에 대한 얘기를 미화하지 않고, 옷을 입히지 않은 알몸 그대로를 보여 준다. 삶의 실체를 만난 듯하다.

E를 만난 후, P와 N에게서 느꼈던 혼란과 혼돈에서 벗어날 수 있었다.

그를 만나고 싶은 만큼, 그를 만나러 갈 때마다 나의 고통은 깊어진다. 그의 탁월한 식견에 나의 보잘 것 없는 견해가 부끄럽고, 화려한 화술로 답변하기 바라는 그에게 어눌한 나의 말은 생각을 표현할 수 없어 쩔쩔매곤 한다. 그는 정치, 사회, 예술의 전 분야에 대한 박식함으로 만남을 즐겁게 해 주지만, 내 지식의 빈곤함은 지난날을 게으르게 보낸 회한에 주저앉게 한다. E와 만날수록 깊이 느껴지는 나의 부족함은 P와 N을 만날 때보다 자존심에 더 큰 상처를 받는다.

그를 떠날 생각을 한 어느 날, E에게서 P와 N의 모습이 스쳐 지나갔다. 그가 갖고 있는 문학의 완성이 P와 N을 품으므로 이루어진 것임을 알았다.

이제는 방황에 지쳐 어딘가에 정착을 해야 한다. 후회하지 않을 삶을 위해 E의 곁에 머물 것을 결심한다. 그와 함께 할 시간이 어렵다는 것을 알아서인지 가슴에 싸아한 아픔이 번진다.

시(Poem)와 소설(Novel)을 떠나보낸 몇 년 후, 나는 오늘도 수필(Essay)을 만나러 간다.

긴 고통 속에 숨어 있는 환희를 찾아서.

이 풍진 세상

젊은 세대는 한 곳에 머무는 것을 허용하지 않는다. 변화하고 창조하고 자유로운 곳으로 두 팔 높이 들고 뛰어간다. 그들의 에너지와 변화의 속도를 기성세대는 따라 갈 수가 없다.

피자와 스파게티, 콜라에 이미 입맛이 길들여져 있는 아이들에게는 맷돌로 간 녹두빈대떡과 장국국수, 수정과를 주어 봐야 그 깊은 맛을 알지 못한다. 그들이 즐기는 음식에는 젓가락보다 포크가 어울린다. 먹는 방식에도 차이가 있다. 요즈음 빙수는 커다란 화채 그릇에 넘치도록 담아서 서너 명이 나누어 먹는다. 얼음에 팥만 넣어 먹는 세대는 이미 할머니 세대이고, 혼자서 과일 빙수를 먹는 시대도 지났다. 쟁반 빙수가 나와 좋은 것만 넣어 먹기도 한다.

음식에 비해 더욱 변화를 느끼는 것은 패션이다. 집에서도 입기 민망한 속옷 같은 옷을 길거리에 당당히 입고 다니기도 한다. 떨어진 옷이 부끄러워 가리고 다니던 부모세대와 달리 청바지를 찢고 그물 스타킹을 동그랗게 구멍내어 신는다. 웃옷의 단추 하나가 떨어져 단추 짝이 안 맞으면 그 옷은 못 입을 줄 알았는데, 8개의 단추가 색과 모양이 다른 것도 있다. 기성세대는 색깔이 다른 양말을 신으면 정신이 이상한 사람으로 취급했다. 그러나 신세대 패션은 짝짝이 양말을 신기도 하고, 한 쪽은 빨간색 운동화에 다른 쪽은 초록색 운동화를 신기도 한다. 무조건 짝을 맞추던 시대에서, 다른 색끼리의 모양과 조화를 찾는 감각이 생긴 것이다.

생각과 생활 방식이 다른 이 세대가 우리의 자녀들이다. 변화에 앞장 선 자녀와 뒷줄에 서 있는 부모는 매일 함께 숨 쉬고 얼굴을 마주해야 하는데, 어디에서 마찰 없이 합일의 웃음을 나눌 것인가.

미국 독립 기념일에 기념 축하 음악회가 있었다. 그날이 미국인에게는 불꽃놀이와 각종 행사로 들뜨고 기쁜 날이지만, 한국인인 나에게는 하루 쉬는 날에 불과했다. 그러나 저녁 때 펼쳐진 기념 축하 음악회에서 감동적인 한 장면 때문에 잊을 수 없는 날이 되었다.

유명 음악인의 연주와 노래가 있은 후, '케니 지'가 나왔다. 케니 지는 자신의 연주가 끝나고 무대에서 내려와 거대한 화면

밑에 섰다. 이미 죽은 '루이 암스트롱'과 케니 지의 협연이었다. 공연장 가운데 높게 세워진 구조물에 화면이 설치되고, 생전에 루이 암스트롱이 연주했던 장면이 펼쳐졌다.

지상의 '케니 지'는 화면을 보며 서로 이야기를 주고받듯이 음악으로 교감하며 연주를 한다. 하늘의 루이 암스트롱이 남성적 선율로 부르면 땅 위의 케니 지가 여성적 선율로 화답하여 화음으로 어울리고 있었다. 살아있는 어느 화음보다 조화의 아름다움을 보여 주었다.

두 사람이 연주하는 'What a wonderful world'는 제목만큼 멋진 음악의 세계를 보여 주었다. 몇 십 년의 세월이 합쳐지는 순간, 부모와 자녀의 세대가 한 곳에서 만났다.

얼마 전 세종문화회관에서 이보다 더 진한 만남의 장場이 있었다.

장사익은 마흔다섯에 가수가 됐다. 애기와 설움을 우리의 소리로 절규하는 소리꾼으로 나섰다. 순박한 얼굴과 겸손한 말씨, 함박웃음을 짓는 그는 한국의 참 얼굴이다. 그의 소리에 반해 '하늘가는 길' 소리판에 갔다.

첫 발표회라 잘 알려지지 않아 관객이 적을 거라는 예상과는 달리 세종문화회관 주위는 매진 후 표를 구하려는 사람들로 복잡하다. 피아노 임동창과 재즈 색소폰 연주가 이정식 - 출연진의 구성부터 탈 장르, 탈 세대의 면모를 보여 준다. 연주자의 구성이 다채로운 것처럼 관객들도 여러 층이다. 우리나라 순수 소리를 즐기려는 기성세대와 이십 대의 관객이 만난다. 신중현의 '봄비'를 백번 쯤 부르고 나니까 비로소 봄비가 들리더라는 그의 소리는 신명나고, 애절하면서도 서리서리 한을 풀고 있다. 그의 노래에는 기교가 느껴지지 않는다. 거짓의 옷을 입지 않은 진실의 알몸으로 노래한다. '척추로 노래하는' 인생의 소리를 들으려고 20대부터 70대까지 온 것이다.

노래 중간에 프로그램에 없는 〈희망가〉를 부를 때는 이십 대를 포함한 관객 거의 모두가 힘차게 합창을 한다. "이 풍진 세상을 만났으니 너의 희망이 무엇이냐…" 아흔이 가까운 우리 어머니의 애창곡을 이십 대의 아이들과 소리 높여 부르며 함께 어깨동무를 한다. 옆 사람을 보고 웃으며, 절절한 그의 소리를 따라 한다. 속에서부터 절규하듯 가슴으로 노래를 부른다.

음악은 세대를 뛰어 넘는다.

허위를 밀어내고 진실을 말한다. 젊은이는 그들대로 삶이 힘들고, 기성세대는 쌓인 회한이 가슴에 묻어두기에는 너무 무겁다. 그래서 모두, '참 소리'를 들으며 자신들의 소리를 힘껏 외친다. 이 풍진 세상을 향해 나의 희망이 무엇이냐고. 삼대에 걸쳐 한 목소리로 부른 희망가의 힘은 무엇인가. 함께 부르는 나는 타국에서 애국가를 부르는 것처럼 전율이 느껴지고 뜻 모를 소름까지 돋는다.

생각과 생활 방식에는 세대 간에 차이가 있고 서로 충돌하지만, 인간의 기본적인 정서는 변함이 없다. 세대 차이를 극복

하고 신분과 빈부, 시간을 초월하여 '이 풍진 세상'에서 우리가 만나야 할 곳은 문화의 장場이다.

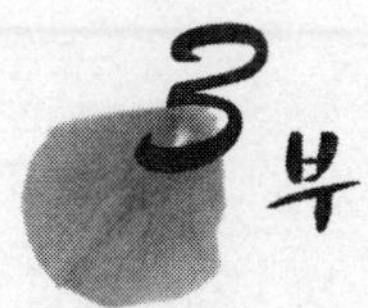

2009 천로역정

진달래 커피

C가 떠나던 날

보이는 너머

담배와 빨간 손톱

그는 모른다

언제나 새롭고 가장 오래된 주제

휴먼 스케치

0.2㎜ + 0.05㎜ = ∞

천국의 아이들

2009 천로역정

– 시 〈가을에는 기도하게 하소서〉를 수필로

푸른 잎이 가지에 붙어 있을 때는 나목의 아름다움을 몰랐습니다. 푸른 잎이 자신을 드러내며 자랑할 때 생명만을 칭송했습니다. 울창한 잎이 만든 새파란 여름의 교만에 우쭐댔습니다. 싹틀 때의 어려움은 오래전에 잊었고, 잎이 만든 그늘에 누워 서늘함만 즐겼습니다. 그늘 밑에 누우면 하늘이 보이지 않고 오직 푸른 잎만 보였습니다. 나무 그늘을 벗어나 한 발짝만 지나도 눈부신 햇살에 눈을 뜨지 못하면서도 말입니다. 습기 찬 그늘에 돋아난 고혹적인 독버섯에 취했습니다. 독은 정신 깊숙이 퍼졌습니다.

단지 몇 권의 책만을 통해 매력 있는 휴머니스트가 되려고 겉멋에 빠졌습니다. 인간을 만물의 척도로 삼는 휴머니즘은 매혹적이었습니다. 그러나 합리적이라는 인간이 모일수록 불

합리해지고 그 속에서 일어나는 허위와 불법, 위선을 보고 이런 요소를 모두 갖고 있는 제 모습에 당황했습니다.

기준이 흔들리자 바로서기가 힘들었습니다. 불안했습니다. 내 안에 자리 잡은 불안의 정체를 찾아내려 했으나 갈증은 더욱 심해졌습니다. 무엇을 향한 갈급함인지도 모른 채 허허롭기만 했습니다.

기도하게 하소서

몇 시간 동안 목소리 높여 대화를 하고 온 날은 침묵하지 못했으므로, 마음에 없는 웃음을 웃고 온 날은 허망함으로 불면의 밤이 계속되었습니다. 안식할 곳이 어디에도 없어 기진하여 비틀거렸습니다.

결핍의 덩어리는 머리와 가슴을 치며 돌아다녔습니다. 이 결핍은 사람의 어떤 영역으로도 채울 수 없다는 것을 어렴풋이 알았습니다. 제가 부를 한 이름. 모든 것을 맡기고 인도함을 받고 방황하다 돌아가도 변하지 않는 영원한 것이 절실했습니다. 김현승 시인이 쓰러지고 긴 투병 후, 〈가을의 기도〉에서 고개 숙였듯이, 저도 겸허하게 땅위에 맨몸으로 엎드리고 싶었습니다.

목을 곧게 세우고 다니던 시절, 감사라는 단어는 거의 쓰지 않았습니다. 예의 바른 척 인사할 때 사용하는 형식적인 말일 뿐 감사는 저에게 사전의 의미만 있었지요.

그림 값이 집 한 채와 비슷한 작가의 전시회를 보고 집으로 오던 날, 그날의 노을은 어떤 그림보다 감동적이었습니다. 색色의 어우러짐과 선線의 조화는 제가 지금껏 보았던 어떤 그림보다 아름다웠습니다. 저문 하늘에 흔적이 엷게 남아 있을 때까지 한자리에 서 있었습니다. 그 노을을 보며 감사한 마음이 온 가슴에 번졌습니다.

한 이름이 제게 섬광처럼 다가왔습니다. '궁극의 한 이름, 주님' 당신이셨습니다.

사랑하게 하소서

20억 년 전 최초의 생명 세포를 태어나게 한 태고의 바다와 자궁 속 양수의 성분이 비슷하다고 합니다. 그 신비의 물에서 생명의 기적들이 생겨나고 있고요. 천진한 아기의 웃음을 본 사람이면 이 이론에 동의하겠지요.

아파트 창문너머로 메타세콰이어 나무 위에 까치가 보금자리를 트는 모습을 몇 달 동안 지켜보았습니다. 자신의 몸보다 긴 나무를 물고 와서 한 가닥씩 가로 세로로 쌓아서 새끼를 낳고 기르기에 적합한 둥지를 짓더군요. 어디서 배웠을까요. 이른 봄 이 과정을 지켜보며 당신의 손길이 있음을 보았습니다. 생명은 사랑으로 태어나고, 생명이 있는 곳에는 수많은 방법의 사랑이 있음을 알았습니다.

생명의 근원을 알았고 더 이상의 높은 것을 찾아 방황하지 않아도 되었습니다. 당신의 이름만이 길이었음을 깨닫습니다. '이제야 내가 생각하는 영원의 끝을 만지게 되었고 그 끝에서 눈을 비비고 오랜 꿈을 깬다'는 시인의 고백을 빌어 당신을 작은 목소리로 불러 봅니다.

홀로 있게 하소서

≪천로역정≫의 주인공 크리스천이 불라 땅에 이르기까지 순례의 길에서 천박, 나태, 교만, 허례, 위선이란 사람을 만나지요. 어느 때나 거룩한 곳에 이르기까지 인간은 유혹과 싸우고 방해를 받나 봅니다. 내안에 있는 오만과 몰염치한 모습에 스스로 머리를 돌립니다.

2009년, 과학이 하늘을 찌를 듯 발달하고 있습니다. 세상의 유혹적인 것에 시간을 빼앗겨 당신을 향한 시간은 날이 갈수록 줄어듭니다. 자신에게 준엄하지 못하고 핑계를 찾아 두리번거립니다. 그러나 나를 방해하는 것은 타인이 아니었습니다.

자신의 부족을 통탄하게 하소서. 어디서 불러도 대답하시고 언제라도 제 얘기를 들어주시는 당신과 만나는 시간을 위해, 나 자신을 드리게 하소서.

당신의 말씀을 듣는 기쁘고 적막한 시간에 나를 묻게 하소서.

진달래 커피

봄을 못 견디어 왔다고 했다. 고국의 파스텔 색깔의 봄 속에 묻히고 싶고, 나라 밖에서는 불안해 보이는 고국의 소식들을 눈으로 확인하려고 20시간 비행기를 타고 친구가 왔다. 직장 때문에 오래 머물 수가 없어 사람들을 많이 만나는 것보다 오랫동안 못 본 진달래나 보고 떠나겠다고 했다.

친구가 창밖을 보며 "나 진달래 커피 한 잔 줘."한다. "아직 여기는 진달래가 안 폈는데…." 말이 끝나기도 전에 한참을 웃고 난 친구는 "너 커피에 진달래 띄워 주려고 했니. '진'하고 '달'게 먹는 게 진달래 커피야." 하면서 옛이야기를 한다. 학창시절 장미 향기를 마신다고 물에 장미꽃잎을 넣어 마신 사건을 상기시켰다. 봄은 잊었던 시간을, 소월을 떠올리게 했다.

친구는 학창시절 진달래를 싫어했다. 진달래의 분홍은 치열

한 삶과 동떨어진 색이라며 분홍의 부드럽고 유아적인 색보다 빨강이나 흰색을 선호했다. 열정의 색과 순수의 색이 합쳐져 분홍이 되는 게 마음에 걸린다고 했다. 그런 친구가 진달래 커피를 찾았다. 커피의 쓴맛과 설탕의 단맛이 어우러진 진달래 커피의 맛은 분홍색으로 느껴졌다.

고국을 떠난 20년 세월동안, 한국의 빛이 진달래 색으로 남아 있었나 보다. 이국의 신산한 삶의 맛을 설탕으로 중화시키며 산 흔적이 전해진다.

딸의 이름을 영숙이 대신 그레이스로 바꾸어 부른다고 검은 머리의 사춘기 딸이 우아한 그레이스 케리처럼 되지는 않는다. 스프링쿨러가 잔디에 물을 주고 있어도 식탁은 한국보다 더 한국적이다.

자신들의 얘기가 곳곳에 어려 있는 고국을 떠나 기회와 가능성을 찾은 사람도 있고 국적이 바뀐 사람도 있지만, 고향을 떠난 사람들의 눈 속에는 떠난 자의 우수가 깃들곤 한다. 비디오로 복사한 화질 나쁜 한국의 일일 연속극을 일 주일치씩 빌려 보는 이국의 삶에는 변함없는 고향의 그리움이 배어 있다.

아직 시차를 극복하지 못한 친구는 피곤해 했다. 오랜 세월이 흘러도 고국과 같아지지 않는 시간, 낮과 밤이 바뀌고 시간 차이를 계산하며 그들은 영원한 시차 속에 살고 있다.

친구가 책장을 훑어보다 종이가 누렇게 바랜 소월의 시집을 찾아 들었다. "그래 '부르다가 내가 죽을 이름'이야."라며 책장을 덮었다.

몸은 지구의 서쪽에서 안정된 생활을 하고 있지만 파도치는 마음은 항상 동쪽을 향해 있었나 보다. 나머지 구절은 친구의 눈 속에 있었다. '설움에 겹도록 부르노라, 부르는 소리는 비껴 가지만, 하늘과 땅 사이가 너무 넓구나….'

친구가 〈초혼〉에서 낮게 부른 것은 이 땅이었다.

C가 떠나던 날

그 남자는 흐르는 강물에 시선을 고정하고 있다. C를 잡은 남자의 손이 가늘게 떨린다. 희고 가는 몸매가 고혹적이다. C를 잡는 순간 손끝이 따뜻해지고, 향기가 전해지자 남자는 자신의 손을 애처롭게 바라본다.

(C가 묻는다.)

C : 당신은 왜 나를 좋아해?

남자 : 입 안에 도는 맛과 혀에 닿는 감촉이 섹시하고 때로는 철학적이거든. 너를 잡고 있으면 네게만 몰입할 수 있어. 네가 나를 독점하는 순간 젖어드는 희열이 너를 놓지 못하게 하지. 제일 좋아하는 네 모습은 네가 사라질 때야. 한 번도 같은 모습으로 떠나지 않고 무한히 변화해. 너는 불안할 때 안정을 주고 마음 상하는 일이 있을 때 위로해 주거든. 눈을 감고 너를 음미

하면 마치 레오나드 코헨의 노래같이 온 몸에 휘감기는 너를 느끼지.

너는 소유하는 사람에 따라 수많은 얼굴을 드러내. 천하게 보이다가 어느 순간 최고의 품위를 지니기도 해. 네 모습을 새삼스레 느낀 날은 깊은 가을이었어. 유자향이 짙게 나던 날, 너는 참 고고했지. 커피나 술에 잘 어울리던 네가 순수한 유자향에 어울리는데 놀랐어. 그날 너의 겉모습은 차가운 흰색이지만 속은 빨갛게 타고 있었지. 그 순간 너 말고는 아무것도 필요 없고 너만으로 충만했어. 어떤 반주도 없이 그 자체가 완성인 바흐의 무반주 첼로 선율 같았어. 그런 날의 바흐는 화려한 요요마의 연주가 아닌, 로스트로포비치의 격조 있는 연주가 더 어울리지. 음악과 어우러지는 네가 첼로 같은 여자로 느껴졌어.

너를 좋아하는 이유에 대답은 했지만, 만나는 동안 그 이유를 스스로에게 물은 적은 없어. 누구를, 무엇을 좋아한다는 것에 어떤 이유가 있어야 하나. 이유 있는 만남은 오히려 헤어지기 쉬워. 느낌 없이 타성이 붙어 습관적으로 만나는 것이 더 무서운 거야.

C : 내 성격은 누구와 한번 관계를 맺으면 쉽게 떨어지지 않아. 그런데 우리가 만나는 장소는 거의 커피를 마시는 실내였는데 오늘은 왜 강가에서 만나?

(강물이 햇빛에 튕기듯이 보인다.)

남자 : 어느 소설가가 강가에서 너를 만나면 촉촉한 수분 때문에 다른 곳보다 훨씬 더 깊은 맛이 느껴진다고 해서. 사실은 … 음~ 쿨럭 쿨럭.

C : 나는 당신 기침 소리가 좋더라.

남자 : 기침을 하는 것이 이유이기도 하지만, 더 큰 이유 때문에 오늘 너와 작별을 하려고 해.

(흘깃 바라본 남자의 얼굴이 산그늘에 가려지며 낮은 목소리로 말한다.)

남자 : 사실 너를 만나고부터, 내 건강을 염려해 주는 사람에게 너와 만나는 것을 숨기고 거짓말을 하곤 했어. 10여 년이 흐르자, 거짓말이 힘들고 네가 내 목과 폐에 달라붙어 함께 살며, 나를 파괴하려는 너의 속성을 깨닫기 시작했어. 너의 팜므파탈적인 성격을 알면서도 너를 좋아했지만 이제는 강물의 흐름처럼 삶을 거역하지 않고, 주위 사람에게도 염려를 그만 시키고 싶어졌어.

C : 처음에 너는 일생 나와 함께 하겠다고 말했잖아.

남자 : 세상 모든 것은 변해.

C : 당신은 절대로 나를 떠나지 못 할 거야.

남자 : 힘들겠지만, 이젠 결단을 해야 해. 남은 인생을 이젠 정말 가치 있게 보내야 하니까.

(남자의 손이 포물선을 그리며 담뱃갑을 쓰레기통에 던지고, 경건한 의식을 치르는 듯 천천히 강물에 손을 씻는다. 남자

는 심하게 쿨럭거리며 자신을 끈질기게 놓지 않고 괴롭히며 건강을 저당잡고 있던 유혹의 잔재를 본다.)

꾸겨진 담뱃갑 위에 쓰인 '경고 : 흡연은 폐암 등 각종 질병의 원인이 되며, 특히 임산부와 청소년의 건강에 해롭습니다.'

담배가 없으면 일을 못하고 쩔쩔매던 남자가 지금 더 건강하게 열심히 일하는 것을 보며 생각했다. 지금 내가 애착하는 물건, 집착하는 관념의 틀 같은 것도 한 순간 버려질 담뱃갑 같은 것인지 모른다고.

삶은 아이들의 블록쌓기 놀이 같다. 블록은 여러 모양이 있어 서로 섞여야 모양이 잘 만들어지는데, 나는 그 법칙을 실생활에는 적절히 적용시키지 못한다. 나의 블록놀이는 네모와 세모를 구별해 놓고 다른 모양이 섞이면 안 된다는 규칙을 스스로 만들고 다양함을 즐기지 못한다. 강박관념에 쫓기고 있다.

고정관념은 견고한 돌로 쌓여 진 것이 아니고 연기같이 형상만 있는 경계선일 텐데, 스트레스에 서서히 질식하면서도 그 선을 못 넘는다. 한 걸음을 옮기지 못하고 틀 안에서 허우적거린다.

기침으로 가슴을 쓸고 있는 그에게 어느 날 배달된 경고장.

경고 ; 스트레스는 심장과 뇌질환 등 각종 질병의 원인이 되며, 특히 혈관 순환과 면역에 해롭습니다.

보이는 너머

무심히 한 행동과 선택, 그 속을 헤쳐 보면 깊은 무의식이나 지난 경험의 아픔이 들어 있다.

사진작가인 친구가 왔다. 사진에 관심이 많은 나는, 그가 찍은 사진을 보고 많은 얘기를 나눈다. 그는 내게 이십여 장이 넘는 사진 중에서 마음에 드는 사진이 있으면 고르라고 했다. 사진에서 보이는 것은 풍경과 인물, 사물만이 아니다. 바람도 보이고 소리도 들린다. 정지된 순간을 담고 있지만 시공을 넘고 있다.

두 장의 사진을 집었다. 첫 번째 집어든 사진 속 보리밭에서 바람이 분다. 연두와 초록이 파도친다. 가지런한 알곡으로 찬 보릿대가 서로 비스듬히 기대며 수런수런 얘기를 나눈다. 보리밭에 숨어있는 밀어들이 춤을 춘다. 깊게 숨을 쉬면 싱그러움이 폐 속 깊이 들어오는 듯하다. 싱그러움이 가슴에 꽉 차는 듯하다.

서울에서 태어나고 자란 내가 식물에 대해 아는 체를 하면 사람들은 한심한 표정으로 본다. 달래와 냉이를 구별 못하고, 고구마 줄기와 토란대 나물은 거꾸로 이름을 대곤 하기 때문이다. 보리를 밟으면 죽을 텐데 왜 보리밟기를 하는지 몰랐다. 차가운 눈이 오면 보리가 얼 것 같은데 눈이 덮여야 보리가 따듯하게 잘 자란다는 것을, 설명을 듣고 이론으로는 알겠는데 눈 오는 날 밖에 있는 음식이 어는 생각을 하면 다시 혼란스럽다. 책에서 읽은 이론으로 아는 보리의 생태와 보리밭을 직접 밟아 본 경험의 차이가 깊게 다가온다.

또 한 장의 사진.

차마 오래 볼 수가 없다. 손이 가볍게 떨린다. 인적이 없는 고궁에 젊은 연인이 있다. 예쁘고 건강한 여자가 남자의 등에 업혀 활짝 웃고 있다. 어느 여자가 저렇게 행복할 수 있을까. 여자의 얼굴에서 남자에게로 시선을 옮겼을 때 숨을 한번 참았다. 남자는 손에 흰 지팡이를 짚고 눈을 감고 있다. 몸도 가냘프다. '사랑'을 업고 앞을 헤쳐가며 한 걸음씩 걷는 남자의 얼굴에 표정이 없다. 시각 장애인 특유의 표정이다. 두 사람 주변에 적막이 느껴진다. 여자의 웃음은 순수하고 밝다. 사랑받고, 사랑하는 여자의 행복과 당당함이 느껴진다.

두 장의 사진을 한참을 보고 있는 내게 사진작가가 "왜 상반

된 분위기의 사진을 골랐느냐"고 묻는다. 대답을 못한 채 그가 간 후 생각에 잠겼다.

무의식에 존재하는 관계성.

보리는 밟아주어야 잘 자란다는 원리와 다리를 저는 남자와 결혼한 사촌동생이 동시에 떠올랐다. 사촌동생이 결혼한다고 했을 때, 남편 없이 고생하며 자식을 키운 이모의 반대가 심했다. 이모는 사촌이 무슨 말을 해도 들으려 하지 않았다. 서로 위해주며 따듯한 분위기였던 집안에 냉기가 돌고, 두 사람의 관계가 공개된 후로 사촌은 집안에서 죄인이 되었다. 그때부터 친지들에게 사촌은 마음이 짓밟히고, 유난히 높은 자존심도 능멸 당했다. 주위에서도 이모에게 음악을 전공시키느라고 돈이 얼마나 들어갔는데 엄마 힘든 거 모른다,고 동정 섞인 위로의 말을 했다.

사촌은 친지들에게 어떤 반응도 보이지 않았다. 몸이 약한 사촌은 불면과 소화불량에 시달리면서 앓아눕지도 않고 꼿꼿한 자세로 버티어 나갔다. 몽상적 분위기의 가녀린 사촌은 오히려 강인한 삶의 투지를 보였다. 몇 달이 지나고 이모가 두 사람의 관계가 끝이 났다고 생각할 즈음, 사촌은 결혼식을 시골 교회에서 간단히 했고 두 사람이 미국으로 떠나겠다고 선언했다. 순간, 식구들은 아무 말도 못했다.

비행기에 오르며 참으로 밝게 웃던 사촌동생과 사진 속의 시각장애인에게 업힌 연인의 밝은 웃음, 그 모습은 보리밭을 연상시켰다. 겉으로는 밝은 웃음으로 표현된 그들의 사랑을 생각하며 '사랑은 스스로 길이 되고, 사랑은 스스로 벼랑이 되고, 사랑은 이 세상의 모든 이름'이라는 시구가 그들의 모습 위에 겹쳐 보였다.

담배와 빨간 손톱

우주보다 더 난해한 여자의 마음을 이해하는 남자는 불행한 남자이고, 여자의 표현과 행동을 그대로 믿는 남자는 행복한 남자이다.

글과 노래를 잊고 있던 시절이었다.

결혼을 결정하면서, 다니던 대학원을 그만두었다. 딸의 학력에 비례하여 어머니 사윗감의 조건도 높아가기 때문이었다. 어머니가 꿈꾸는 사윗감은 같은 학년의 유학을 계획하는 학생은 결코 아니었다. "결혼 후 10년 동안 고생은 각오하라"라는 말과 함께 결혼 허락을 힘들게 받았다.

딸과 나보다 6개월 먼저 미국에 도착한 남편은 유학 생활에 조금씩 적응 되어가고 있었다. 그때만 해도, 한국 유학생이 적어 남편이 혼자 있는 동안 여러 곳에서 식사 초대를 해 주었다. 내가 미국에 오자 그동안 초대를 해 주었던 사람들에게 답례로 한국 음식을 대접하기로 했다.

그날 초대한 사람들은 남편의 클래스메이트인 사라(Sahra)라는 여학생 부부였다. 여자는 브라운 대학원에 다니고, 남편은 고등학교 국어 선생이었다. 미국과 학교에 대해 잘 모르는 것을 사라가 많이 도와주었다고 해서 정성껏 저녁을 준비했다.

밥을 먹고서 학교 얘기가 시작되었다. 사라는 지독한 체인스모커였고, 유학 첫 학기의 어려운 공부에 시달린 남편은 골초가 돼 있었다. 미국에서는 여자가 담배를 피려 할 때 남자가 불을 붙여주는 것이 예의이다. 사라가 새 담배를 꺼낼 때마다 담배를 피우고 있는 남편이 불을 붙여 주었다. 담배 연기가 방 안에 가득 차서 창문을 열어 놓았는데 바람이 들어와 성냥불을 붙일 때마다 불이 흔들려 손으로 바람을 막아야 했다. 사라와 남편은 새 담배를 피울 때마다 손이 부딪힌다.

두 사람의 모습에 겹쳐, 벽에 붙은 샤갈의 복제화에서 머리 긴 여자가 보라색 꿈을 안고 푸른 밤 속으로 사라져 가는 것이 보인다. 두 사람을 보는 나는 그림 속 여자를 따라, 심장이 어둠으로 들어가는 듯하다.

반쯤 남았던 담뱃갑은 꾸겨진 지 오래고 새 담뱃갑도 거의 비워지고 있다. 교수와 학생들 얘기를 중학교 동창이 10년 만에 만난 것보다 더 재미있게 나누고 있다. 중학생이나 대학원생이나 선생님에 관한 얘기는 신명이 나나 보다. 얘기가 재미있을수록 내뿜는 연기의 양도 많아진다. 사라의 남편은 가끔 따라 웃고 있으나 흥미 있는 표정은 아니다. "바보 같은 놈, 재미없으면 가자고 할 것이지, 예의를 차리나 보다."고 죄 없는 사라의 남편만 속으로 욕을 했다.

음식에 관한 몇 마디만 나눈 나는 그때만 해도 안주인으로서의 교양 있는 표정을 하고 있었다. 화제가 전공으로 돌아가자 학문적인 얘기에 담배를 태우는 두 사람은 심각해졌고, 깔깔대고 웃을 때보다 나는 더 비참한 생각이 들었다. 가슴이, 머리가, 연기 속을 날아다니는 먼지처럼 흔들렸다.

친정에서 내가 쓰던 방 책장에 쌓여 있던 책들이 떠올랐다. 사춘기 동안 사로잡혀 있던 헤르만 헤세와 노발리스의 안개 같은 낭만, 카프카의 검고 큰 눈에서 느꼈던 우울이 환영처럼 다가왔다. 소화가 안 된 저녁 때문에 아픈 위의 통증은, 대학원을 그만둔 후 학교 앞을 지날 때마다 느끼던 아린 가슴과 연결되는 듯했다.

잠에서 깬 9개월 된 딸의 울음소리가 나를 현실로 돌아오게 했다.

두 사람이 돌아가고 "피곤하지, 수고했어." 하는 남편의 인사말에 대답도 하지 않았다. 담배연기로 오염된 공기에서 아기를 보호하려는 듯, 포대기로 아기를 꽁꽁 싸고 온 아파트의 문을 활짝 활짝 열어 놓았다. 차가운 바깥바람을 쏘이며 감정

정리를 했다. 손님을 초대하자고 한 것은 나였고 남편은 자연스럽게 미국식으로 손님을 접대한 것뿐인데도 들끓는 마음을 잠재울 수가 없었다.

남편 혼자만의 전액 장학금으로 세 식구가 사는 것은 힘들었다. 한국에는 내가 선택한 사람과의 행복한 생활만을 전하고 싶었고, 도움을 요청하는 것은 자존심이 허락하지 않았다. 아이를 돌보아야 했고, 학생부인 비자로는 아르바이트를 할 수도 없었다. 공부와 생존이 직결되는 상황에서 유학생의 부인이 아닌, 학부형 노릇은 남편에게 나의 감정을 드러내 놓고 말할 수도 없게 했다. 이성과 감정이 머릿속에서 탁탁 소리내어 부딪쳤다. 머리가 길었다면 아주 짧게 자르든가, 어디론가 떠나서 혼자만의 시간을 갖고 싶었지만 주어진 현실은 어떤 것도 허용하지 않았다.

다음 날 아이가 잠든 사이 아파트 건너 작은 드럭 스토어에서 50센트짜리 새빨간 매니큐어를 샀다. 천천히 손톱을 한 개씩 칠했다. 열 개의 손톱은 열 개의 가시가 되어 가슴을 할퀸다. 열 개의 손톱은 피를 흘리는 듯했고 붉은빛은 손톱을 통해 손가락으로 스며들어 화상을 입은 느낌을 받았다.

자학의 아픔과 자폭의 전율이 흐른다.

"그 손이 뭐야, 대학에서 어떤 여자도 그런 손톱을 한 사람을 못 봤어."

저녁 식탁에서 남편이 하는 말에 "그냥"이라는 말 이상, 자세히 아무것도 설명할 수 없었다. 다만 빨간색이 더 잘 보이게 흰 국그릇에 뜨거운 국을 푸는 것 이외에는.

며칠 전 TV에 아는 여자가 나왔다. 요란한 차림에 긴 손톱의 빨간 매니큐어가 눈에 띄었다. 남편이 묻는다.

"여자들은 저런 게 좋아서 해?"

"하고 싶을 때가 있어. 나도 미국에서 칠했었잖아."

"당신 그때 왜 안 하던 짓 했어."

"글쎄…."

몇십 년이 지났다고 설명하면 알까. 가끔 유행가 가사가 삶을 제일 잘 표현하고 있다는 생각을 한다.

"♪네가 나를 모르는데 내가 너를 알겠느냐♪ …"

'타타타'의 웃음이 벽에 부딪혀 들리는 듯하다.

그는 모른다

긴 시간 마주하고 살아온 그는 내게 초록빛이었다.

익숙한 실루엣과 빛깔을 보여주던 그가 설핏한 저녁노을을 등지고선 그날, 바다를 배경으로 서 있어선지, 해풍에 내 눈이 맑아져서인지 다른 모습으로 보였다. 그를 향해 걸어가며, 짧은 거리는 멀게 느껴졌고 낯선 모습은 가슴에 서늘한 바람을 일으켰다. 더운 여름 햇볕을 피할 수 있는 숲 같고, 걷기 힘든 자갈길이 잔디 같아서 초록으로만 알았던 그에게서 수많은 색이 보였다. 바다 앞에 선 두 사람은 각자에게서 '타인'이란 그림자를 보았다.

그는 알고 있을까.

커피에 설탕과 크림을 세 스푼씩 넣어 커피를 죽처럼 먹던

내가 요즘 혀가 아리도록 진한 블랙커피를 마시는 까닭을, 새벽 3시 물컵에다 포도주를 넘치도록 부어 단숨에 마시는 것을, 하루를 굶다 다음 날 아침, 빨건 깍두기에 밥을 비벼 왜 목이 메게 먹는지를.

한숨을 토해내다 왜냐고 물으면 단전호흡하는 거라고 서툴게 둘러대고, 환경을 바꿔야 기분이 새로워진다며 자주 옮기던 가구와 소품이 붙박이가 된 채 꼼짝도 않는 까닭을, 아침저녁 돌봐 주어 반짝이던 화분의 이파리들이 왜 노랗게 변해 가는지, 그는 모른다.

가사 일에 일등공신이 세탁기라고 소리쳐 말하더니 욕조 가득 빨래를 담가 놓고 밟아대는 이유를, 대야에 물이 넘치도록 틀어 놓고 잠그기를 잊은 채 콸콸 쏟아지는 물을 왜 보고만 있는지, 그는 모른다.

외출이 싫다고 집만큼 안온한 곳은 없다더니 요즘 자신의 방을 낯설어하는 까닭을, 두 글자 추상명사들을 A4용지에 가득 써놓고 시선을 먼 곳에 둔 채 왜 안개처럼 자주 아득한 표정이 되는지, 그는 모른다.

회색과 카키의 중간색을 선호하다 미친 듯이 장롱을 뒤져 빨간 자켓, 빨간 티셔츠를 모두 꺼내놓고 빨간색 핸드백까지 찾는 이유를, 그러나 장미만은 왜 노란색을 사는지, 그는 모른다.

음악회에 가서 연주자가 어우러져 내는 화음보다 오케스트라가 튜닝할 때 내는 불협화음이 왜 더 좋다고 하는지, 그는 모른다.

피아졸라 음악에서 들리는 낯선 풍경의 아픔과 스모키의 노래에 눈빛이 흩어지고, 목소리는 작고 낮아졌는데 왜 음악은 스피커가 찢어질듯 볼륨을 높이는지, 그는 모른다.

꿈꾼다는 말이 자면서 꾸는 꿈인지 가슴 깊숙이 묻어둔 소망인지를, 맑은 실내공기에도 환기 한다며 활짝 열린 창문을 닫지 못하게 하는 이유를, 낯선 도시에 가서 다른 문화를 접하고 싶은 호기심을 접고 왜 사막의 모래언덕에 서보고 싶다고 하는지, 그는 모른다.

어깨를 나무 방망이로 무식할 정도로 두드리고 아스피린를 병째 놓고 먹어도 표정만 밝게 꾸미면 얼마나 몸이 아픈지, 그는 모른다.

'영원보다 더 오랜동안'이 얼마만큼의 시간인지 숫자로 표현하려는 까닭을, 이 공해의 도시에서 별이 보고 싶다고, 봐야 한다고, 밤이면 왜 목을 기역자로 젖히는지, 그는 모른다.

그는 나를 모른다는 것을 모른다.

나 또한 그를 모른다는 것을, 그는 모른다.

언제나 새롭고 가장 오래된 주제

그 하나의 열정으로

사랑의 시선은, 순간 부딪친 유성을 따라간다. 단 한 번의 섬광으로, 유성은 항성이 되어 막막한 우주에 길잡이가 된다. 그러나 비 오는 날에는 그 빛이 보이지 않아 별 하나를 찾아 먼 길을 떠난다. 빛에 대한 기억은 불확실하고, 감정의 표현은 거듭될수록 허상이라 어떤 언어나 몸짓으로도 전할 수가 없다. 다만 동공 깊은 곳에서 나오는 의미만을 전한다.

한 순간 사랑에 대한 언어가 화려한 수식어로 반짝이다가, 어느 순간 헐벗고 남루한 모습으로 나타난다. 지나간 시간이 조사를 바꾸고 서술어를 탈색시켜도, 변하지 않는 주어만은 홀로 떨고 있다.

그 하나의 아픔으로

사랑이 떠나는 소리는, 20층 건물이 파괴공법으로 순간에 무너지는 소리다. 그 굉음이 귀에 남아 밤이면 이명으로 찾아온다. 끝없는 울림 울림 울림.

시도 때도 없이 헉, 하는 소리로 찾아오는 아픔. 얼음칼에 심장이 찔린 상처에서 선혈을 흘린다. 언제 끝날 것인가. 스스로 묶어 놓은 사슬은 언제 풀어질 것인가. 바위가 풍화되어 부드러운 모래가 되는 날 해방될 수 있을까.

침묵만이 전해진다. 잃어버린 언어는 어디 있는가.

시간의 흔적은 화석이 되어 머리와 가슴에 한 켜 한 켜 쌓인다.

그 하나의 빛으로

길 잃은 혼은 '빨간 구두'를 신고 숲을 헤매다 어두운 숲 속에서 방향을 잃었다. 같은 길에서만 맴돌다 지쳐 가시덤불 위에 넘어졌다. 더 이상 걸을 수가 없다. 두 손을 모으고 그곳에 있던 맑은 샘물로 타는 목을 축인다. 그때 멀리서 한 줄기 빛이 보인다. 빛은 안개를 거두어 간다.

두려움에 떨던 나무의 일그러진 검은 그림자가, 지금은 반짝이는 초록색 생명의 잎들이다. 빛 안에서 모두가 하나다. 사랑도, 그리움도, 아픔까지도.

그리고 '비와 같던 고독'에서 벗어나 침묵을 깨트리고 언어를 찾는다.

가장 오래되고

언제나 새로운 주제

사 · 랑.

휴먼 스케치

르네 마그리트의 그림, 상반신이 사람이고 하반신이 물고기인 인어는 사람인가 물고기인가. 잠수할 때 꼬리를 본 사람과 해면으로 올라올 때 아름다운 얼굴을 본 사람의 주장은, 두 사람 모두 자신의 주장이 절대적이라고 확신한다. 보여진 것은 본 사람에 의해 소유된다는 사르트르의 주장에 따라 내게 다가온 것은 어지러움이었다.

그 남자

서울에는 빌딩 높이로 만들어진 스카이라인만 있고 지평선은 볼 수 없다. 하늘과 땅이 맞닿은 선이 보고싶던 몇 년 전, 지평선으로 둘러싸인 미국 아이오와주에 갔다. 남편과 안식년을 보낼 집은 숲 속 연구단지 한가운데 있는 나뭇잎 떨어지는 소리와 개미가 기어다니는 소리까지 들을 수 있을 것 같은 고요한 곳에 있었다. 노루가 집 앞 창문까지 다가와 노루와 눈이 마주치던 그날은 숨죽이며 한없이 순한 눈망울만 바라보았다. 하루 종일 집 앞을 지나는 사람이 없는 날도 있어, 사람 소리가 나면 창가로 가서 사람 구경을 했다.

숲 속의 벤치는 항상 비어 있었는데 어느 날, 벤치 주위가 화사하다. 배우 같은 얼굴에 금발의 남자가 앉아 있다. 올리브 재킷에 갈색바지, 진한 벽돌색 스웨터, 옷의 색깔에서 풍기는 이미지와 책을 읽는 모습은 가을 숲의 연구소 건물과 어울려 학구적 분위기를 더해준다.

나는 창가로 의자를 끌어다가 그림 감상하듯 그 남자를 지켜본다. 점심시간 연구소에서 나와 샌드위치를 먹은 후 책을 보는 현학적 모습에서 눈을 뗄 수가 없다. 며칠이 지나자 그 남자가 읽는 책이 궁금해졌다. 연구원이니 전공서적일 것 같다고 추측을 했다.

그 남자는 거의 정확한 시간에 벤치에서 일어나니까, 그때 역방향으로 가면 책의 표지를 볼 수 있을 것 같아 집을 나섰다. 하이, 의례적인 인사를 하고 손에 든 책을 재빨리 보았다. 선명하게 보이는 글씨 〈PLAY BOY〉.

다음 날 창문에서 보이는 그 남자의 모습이 〈PLAY BOY〉표지 모델의 육감적인 입술과 겹쳐 보인다. 창문을 세차게 닫았다.

그 여자

그 여자의 말소리는 낮고 조용하다. 공손하고 예의 바른 말씨를 쓰는 그녀의 얼굴에는 엷은 미소가 떠나지 않는다. 항상 드라이로 손질된 머리 스타일이 우아한 분위기를 더해준다.

그녀는 마루와 유리, 화초의 잎까지 반짝이게 닦아 놓고 밑반찬 서너 가지는 언제나 준비 해 놓는다. 아이들을 일류 대학에 보낸 그녀에게 이웃들의 교육상담이 끊이지 않는다. 바쁜 살림에 자원 봉사 활동까지 하는 그녀를 만나면 언제나 주눅이 든다.

어느 날, 갓 나온 빵을 사려고 케이크점에서 잠시 기다리고 있을 때 창문 너머로 그녀가 보인다. 빵집 앞 길가에는 텃밭에서 농사지은 야채를 파는 할머니가 있다. 그녀는 할머니가 다듬어 놓은 파를 한참 헤치며 굵은 것을 고르고 있다. 까놓은 완두콩을 한 사발 담는 할머니 손위로 그녀가 콩을 한 움큼 듬뿍 쥐어 봉지에 넣는다. 돈을 내며 일어서는 그녀의 치마를 할머니가 잡으며 애원하는 듯한 표정으로 무슨 말인가를 한다. 할머니의 손을 때리듯 뿌리치며 가는 그녀를 보는 할머니의 얼굴이 일그러진다.

빵을 사고 나오는데 할머니 혼자 중얼거리는 소리가 들린다. "저게 인간이야. 남의 물건 엉망으로 해놓고 500원을 끈질기게 깎다니, 다시는 오지 마라." 하며 퉤 하고 침을 뱉는다.

나

화장을 하다 거울을 떨어트렸다. 깨져 금이 간 거울로 얼굴을 보니 입은 비뚤어지고 한 쪽 눈은 이마 위에 있다. 거울에 비친 얼굴은 분명 나 자신인데 지금의 내 얼굴이 아니다. 균형과 대칭이 맞지 않게 얼굴이 조각나 있다. 기하학적인 얼굴이 피카소의 그림 같은 모습이다.

백화점 거울은 실제보다 날씬하게 보이도록 조작돼 있다. 사진관에서는 실제 얼굴보다 예쁘게 수정을 한다. 사진이 수정된 것을 알지만 부족한 부분이 고쳐져 있는 사진을 보면 기분이 좋아져 그 사진관을 다시 가게 된다. 거울에 비친 나와 사진에 찍힌 나, 모두 나의 실체는 아니다. 내가 보는 곳에 실체는 없다. 라캉의 물음대로 내가 생각한 곳에 나는 없는 것인가.

타인에게 보여주는 모습과 행동은 자신의 일부일 뿐이다.

우주가 과학으로 증명된 것 이상의 상상할 수 없는 무한대의 공간이듯이 소우주인 인간 속에도 무한한 미지의 세계가 있다.

내가 생각한 그 남자와 그 여자도 실체가 아닌 하나의 이미지였다. 그렇다면 인간의 실체는 어디서 만날 수 있을까. 그 남자, 그 여자 그리고 나는 몇 개의 이미지와 몇 개의 실체를 가진 것일까.

0.2mm + 0.05mm = ∞

나는 굉장한 존재입니다.

3억 6천만 개의 정자를 물리치고 힘차게 달려 결승점인 난자에 도착해서 생겼어요. 3억 6천만이라면 우리나라 인구의 7배가 넘어요. 전체 인구 숫자로 상상이 안가면 월드컵 때 상암 축구장에 꽉 찬 사람을 떠올려 보세요. 셀 수 없이 많은 그 사람들의 6,000배나 넘는 숫자를 뒤로 제치고 일등을 했으니까요.

그렇게 대단하게 시작한 나는 엄청나게 작아요. 막대자를 꺼내보세요. 난자의 크기는 0.2mm정도이고 정자는 약 50㎛입니다. 난자의 크기는 1mm 눈금의 1/5mm인데 어떻게 그릴 수 있겠어요. 아니 점이라도 찍을 수 있을까요. 1mm는 1000㎛이니까 정자의 크기는 상상할 수도 없지요. 눈에 보이지도 않는 작고 작은 점이 저의 생명의 근원인 것이지요.

우주도 130억 년 전에는 하나의 알 정도의 크기였는데 빅뱅을 거듭해서 현재 상태가 됐다니까, 사람이 소우주와 같다는 말이 맞는 것 같네요. 보이지도 않는 점은 170㎝정도 커지고, 사람의 능력은 상황에 따라 측정할 수 없을 만큼 무한대로 커지니 창조주의 솜씨에 놀랄 뿐이지요. 그러나 경이로운 것은 창조의 순간만이 아니고 뱃속에서 나와 탄생 후 진행되는 삶의 모든 과정입니다.

내가 생겨서 세상에 나오기까지의 과정을 엄마의 희미한 기억보다 뱃속에 있던 제 경험을 엄마에게 말할게요. 다른 친구 엄마들도 들어주세요.

두 달 정도가 되도록 엄마는 내가 생긴 것을 몰랐어요. 감기인 줄 알았다가 나중에 임신인 걸 알았어요. 엄마는 우주를 품고 있으면서도 몰랐던 것이지요. 이즈음 나에게는 우주의 빅뱅 같은 일이 일어나요. 성장속도가 아주 빨라 이대로 계속 자라면 엄마보다 훨씬 크게 자라지요. 그러나 첫 달만 빠르게 성장해요. 머리와 몸통이 나눠지면서 인간의 형상을 갖추려고 하기 때문이지요. 엄마는 이때, 주위의 사람들에게 제 존재를 알려서 가능한 한 많은 축복을 받게 해주고 싶어 해요.

석 달까지 엄마는 신 음식만 찾다가 갑자기 익지 않은 파란 포도까지 먹고 싶대요. 신 음식에 정말 신물이 났어요. 사실 나도 맛을 느낄 수 있거든요. 엄마가 주는 여러 가지 음식물을 얼마나 기다렸는지요. 엄마가 영양을 줘야 양수 안에서 조금씩 움직여 볼 수 있거든요. 가볍게 걸어 양수가 조금 출렁거려야 제 촉각이 발달해요. 엄마가 이 곳 저 곳을 다니며 본 것이 제게 전달이 되니까 좋은 그림, 아름다운 색깔 많이 보고 저도 느끼게 해주세요.

다섯 달. 엄마가 여행을 갔어요. 신선한 공기가 느껴져 기분이 좋아 신나게 놀았더니 태동이 느껴진다고 감격해서 아빠를 부르네요. 배를 부드럽게 만져주니, 기분 짱이에요. 제가 움직이는 건 엄마에게 제 마음을 전하는 거니까 대답으로 어떤 사인이나 말을 해주세요. 그리고 요즈음 엄마, 아빠 밤에 사랑을 안 하시네요. 저 때문이라면 염려 마세요. 두 분이 사랑할 때 제가 만들어졌잖아요. 다 이해해요. 가벼운 양수의 움직임은 저에게도 좋거든요.

벌써 여섯 달이 지났어요. 청력이 많이 발달 돼 음악이 듣고 싶어져요. 아름다운 음악소리를 들으면 뇌에 α파가 생겨 뇌 발육을 도와주지만, 싸우는 소리는 β파를 만들어서 무섭고 불안해져요. 엄마는 태교음악으로 클래식만 좋다고 생각하고 어려운 곡을 들어요. 엄마의 기분을 좋게 하는 팝송이라도 괜찮아요. 음악을 따라 엄마가 노래를 하고 몸도 가볍게 움직이면 기분이 좋아요. 나를 교육하는 데 고정된 공식은 없고, 옛날 방식에서 바뀌어야 할 부분도 많이 있어요. 인체에는 제어기능과 촉진기능이 있는데 하지 말라는 금기가 많아지면 뱃속에 있는 나는 소극적이고 내성적이 돼요. 대신 엄마가 자유롭고 즐거운 분위기에 있으면 촉진 기능이 발달해 적극적이 되거든요. 저는 21세기를 살아야 하니까 시대에 맞는 환경을 만들어 주세요.

일곱 달이 되니 엄마 뱃속에 내가 있는 것을 다 알아보네요. 듣는 것은 선수가 됐고, 빛도 구별 할 수 있어요. 밝은 조명은 정신적으로 안정이 안 돼요. 엄마의 배가 얇아져서 빛이 저 있는 곳까지 잘 들어오거든요. 부드러운 조명 아래서 책을 읽는 엄마의 모습은 상상만으로도 즐거워요. 제가 밖에 나가서 엄마를 만나더라도 우리엄마는 자랑스러운 모습일 것 같아요. 요즘은 엄마하고 대화를 많이 하고 싶어져요. 음~ 무슨 향기죠. 좋은 냄새를 맡으니까 행복해지네요.

여덟 달이 되니까 자꾸 맛있는 게 먹고 싶어져요. 양수에 섞인 맛을 구별할 수 있어요. 두 눈도 뜨고 감을 수 있게 되고요. 엄마에게 알리고 싶은 게 많아서 신호를 보내는데도 엄마는 모르고 지나칠 때가 많아요. 요전에 딸꾹질 한 거는 내가 횡격막 완성된 것을 알린 것이고, 발차기를 세게 한 것은 대퇴부 근육이 생긴 것을 자랑하고 싶어서였어요.

드디어 열 달이 됐어요. 엄마 수고하셨어요.

깨알의 수백분의 일만한 크기의 수정란에서 몸무게가 3kg이 됐어요. 제 존재보다 소중한 것은 없어요. 이제 세상으로 나갈 준비를 하면서 무엇이 나를 성장케 했나 생각했죠. 탯줄을 통한 영양이 몸을 자라게 해 주었지만 가장 소중했던 건 엄마의 관심과 사랑이었어요. 이것은 밖에 나가서도 가장 필요하고 귀한 것이죠. 아빠가 엄마 성격이 나를 갖기 전에 비해 달라졌다는 말을 했지요. 그 관심과 사랑이 내게로 옮겨졌다는 것을 알고 나도 나 자신을 더 소중히 여기게 됐어요. 나를 위해 엄마가 했던 생활 습관 고치기, 내가 쓸 물건을 정성스레 준비한 것 모두 감사하지만, 최고로 감격한 것은 나를 엄마 자신보다 더 소중히 생각한다는 것이에요. 그리고 겸손하게 기도드리는 모습은 내가 본 엄마의 모습 중에서 가장 아름답고, 진짜 어른다운 모습이라 생각했어요.

자신이 아닌 남을 위한 마음이 생긴다는 것, 기적이에요.

생명의 탄생 자체가 기적이고 오차가 없는 완벽한 환희의 프로그램이에요. 엄마도 내가 뱃속에서 나오는 것에 대해, 그 진행과정을 가만히 생각해 보면 신기하고 놀랄 거예요.

엄마 뱃속은 편안하고 따뜻했어요. 이제 빛을 향해 나갑니다. 엄마와 탯줄이 끊어지는 건 두렵고 무섭지만, 두 팔로 안아주실 테니 안심하고 나갑니다. 두 팔 벌려 맞아주세요.

천국의 아이들

이 땅의 곳곳에 아이들이 만든 천국이 있다.

요즘 초등학교 회장 선거는 어른들 정치 선거의 축소판이다. 피켓과 포스터 제작을 전문회사에 맡기고 유세 원고도 대필해주는 곳에 맡긴다. 어른의 손으로 만들어진 농담까지 들어간 원고를 외우게 하여 부모들은 아이들을 학급 선거에 내보낸다. 어른에 오염된 아이들을 보면 맑은 물이 흐르던 시내가 하수 천으로 변하는 모습을 보는 듯하다

그러나 어른으로부터의 오염을 스스로 막고, 깨끗한 샘을 지키며 사는 아이들이 있다.

부천의 한 초등학교에서 회장선거가 있었다. 태어날 때부터 뇌성마비인 1급 지체장애인 인식이가 회장 선거에 후보로 나섰다. 후보는 10명이나 되었지만, 개표 결과는 놀라웠다. 2위

와 압도적인 차이로 인식이가 당선 된 것이다.

인식이 어머니는 몸의 균형이 잡히지 않아 급식 판도 짝이 타 주는 아들이 중책을 맡을 수 없다고 완강히 반대를 했다. 담임 선생님도 곤혹스러워 아이들에게 이 뜻을 전했지만 아이들 생각은 단호했다. "힘들면 우리가 도울 테니 그냥 하게 두세요. 우리가 뽑은 회장을 왜 어른들이 바꾸려 해요." 그 동안 학급 회의를 서툴게 2번 진행했는데 친구들은 잘했다고 칭찬을 해 주었다. 황사와 스모그로 뿌옇고 탁한 공기로 꽉 찬 세상에 이런 청정지대가 있다.

인식이네 반 아이들은 현실에서 천국을 느끼게 해 주었고, 이란의 가난한 어린 남매를 주인공으로 한 영화 〈천국의 아이들〉은 화면에서 천국을 보여 주었다.

알리의 집은 월세가 밀려 있고 엄마는 아파도 병원에 가지 못 한다. 알리는 엄마의 심부름으로 동생의 구두를 고치러 가다가 구두를 잃어버린다. 집안 형편을 아는 남매는 부모에게 말도 못하고 오빠의 운동화 하나를 오전, 오후로 서로 나누어 신는다. 오전반인 동생이 학교에 갔다 오면 알리가 받아 신고 학교로 급히 뛰어간다. 어느 날 알리는 전국 어린이 마라톤이 있는데 3등 상품이 운동화라는 것을 보고 동생에게 3등을 해서 꼭 운동화를 타다 줄 것을 약속한다. 3등을 하려고 열심히 뛴 알리는 1등을 하고 만다. 동생에게 약속을 지키지 못하게 된 알리가 1등을 하고도 왜 우는지 약속을 잘 어기는 어른들은 알지 못한다.

눈물 흘리는 알리와 인식이를 둘러싸고 활짝 웃는 아이들의 모습이 바로 천국의 아이들이다. 아이들이란 거울에 비춰보면 어른의 때 묻은 모습은 더욱 부끄럽다. 2천여 년 전 예수님은 이미 말씀하셨다. “어린아이들과 같이 되지 아니하면 결단코 천국에 들어가지 못하리라.”

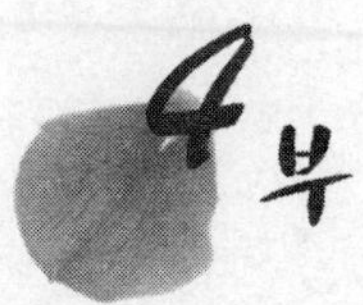

4부

밤바다의 통곡
삶의 빛깔
결혼 행진곡, 그리고
억만장자와 백만 불짜리 다리
소리 나지 않은 신음
연기는 회귀하지 않는다
최고의 러브신, 그 뒤에 숨은 뜻
사랑은 생 뒤에 오는 것
검은 봉투 안의 성
북풍에 실려 온 초콜릿 향기

밤바다의 통곡

– 〈길〉

길은 유혹입니다.

끝이 보이지 않는 지평선 – '인생의 바닥과 인간의 굴곡이 맞닿은 곳' – 그 너머를 알고 싶습니다. 그곳까지 가보고 싶은 강한 충동이 일렁입니다. 길 위에 서면 누구나 꿈을 꿉니다. 그 꿈이 이룰 수 없음을 알아도, 길은 시선을 빼앗습니다.

길은 슬픔입니다.

길이 서러운 건, 수없이 밟힌 후에 길이 생기기 때문입니다. 모든 순간은 다시 돌아 올 수 없기에 한번 떠난 길은 일방통행일 수밖에 없습니다. 길은 한 점 한 점이 연결된 긴 선이고, 그 선은 점 하나의 역사, 한 사람의 매순간의 숨이 찍혀 있습니다.

길은 운명입니다.

길 위에 서면 그 길을 따라가야만 합니다. 길을 거부할 수는 없습니다. 길은 결코 혼자서는 만들어지지 않기 때문입니다. 길 위에 새겨진 인생의 고단한 흔적은 자갈과 모래가 있는 흙먼지 나는 길 여기저기에 찍혀 있습니다.

모든 길은 리얼리즘입니다.

주문진항에서는 맑은 동해의 바다 빛은 볼 수 없었고, 허술한 간판의 횟집과 생선을 파는 어촌 아낙의 양동이들이 늘어서 있었습니다. 양동이에서는 문어가 꿈틀거리며 좁은 공간에서 나오려고 몸을 반쯤 땅에 걸치고 있었고, 그 옆에 소금에 절어 배를 드러낸 생선이 생과 사의 대조를 이루고 있었습니다.

사람 중에서도 문어처럼 사는 사람을 보았습니다. 지형적인 이유로 파도소리가 들리지 않는 어항漁港에서 바닷가에 어울리지 않는 가위 소리가 들렸습니다.

♪ ~ 오르막 인생이 있으면 내리막 인생이 있다. 아리아리 동동 ~ ♪

호박엿을 파는 중년의 남자는 노랑 저고리와 초록색 반치마, 한쪽 발에는 흰 고무신 다른 발에는 검정 고무신 한 짝을 신고 연지까지 찍고 있었습니다. 그의 노래도 구성졌지만, 춤사위는 예사가 아니었습니다. 엿을 팔고 있기는 하지만, 그의 영혼은 가락에 물들고 춤에 불태워 진 듯했습니다.

그보다 더 눈길을 끄는 것은 춤추는 남자 뒤에서 엿을 담아주는 그 남자의 여자였습니다. 긴 머리가 어울리는 30대 초반의 여자는 절세미인이었습니다. 두 사람을 보며 그들의 삶에 숨어 있는 긴 얘기가 읽혀졌습니다.

바람결에 훅하고 비린내가 끼쳐 왔습니다. 그것은 두 사람이 걸어온 삶의 슬픈 냄새였습니다. 그들은 쓰디쓴 삶을 살며 파는 것은 입에서 녹는 다디단 엿이었습니다. 그들이 끌고 다니는 봉고에 있는 간단한 살림 도구는 길 위에 찍힌 고단한 삶의 도장 같았습니다. 이들처럼 길 위의 삶이 잊혀지지 않는 흑백영화 한 편이 있습니다.

영화 〈길〉의 주인공 잠파노는 이곳저곳을 떠돌아다니는 차력사입니다. 그는 가난하고 선한 젤소미나를 헐한 값에 사서 온갖 학대를 하며 조수 노릇과 성의 상대로 데리고 다닙니다. 짐승 같은 잠파노가 쇠사슬을 끊는 묘기를 할 때 젤소미나는 북을 치고 나팔을 불어 사람을 모읍니다. 젤소미나는 잠파노에게 사람대접도 못 받지만, 충실한 강아지처럼 그를 따라다닙니다. 잠파노는 자신의 학대로 병이 난 젤소미나를 잠든 사이 눈오는 길에 버려두고 떠납니다.

5년이 지나고 잠파노는 바닷가에서 젤소미나가 불던 단순하고 애절한 멜로디를 듣고, 그 곡을 누구에게 배웠느냐고 묻습니다. 멜로디를 가르쳐준 여자는 길에서 불쌍하게 죽었다는 말이 잠파노의 가슴에 꽂힙니다. 젤소미나의 죽음으로 잠파노는 비로소 그리움과 눈물을 아는 인간으로 변합니다. 잠파노는 어두운 밤바다에 휘청거리며 모래에 주저앉아 꺽꺽하며 가슴 속 깊숙하게 묻혀 있던 속울음을 토해냅니다. 그 울음은 후회와 통한이 섞인 가장 외로운 남자의 절규입니다.

젤소미나의 손에 들려 있던 북과 나팔은, 그녀의 마음입니다. 깊은 마음은 동서양이 통하나 봅니다. 사물놀이에서 북은 구름을 뜻하며 슬픔의 상징입니다. 북을 둥둥 칠 때 젤소미나는 자신의 고향에 떠있던 구름을 그리워하고 운명에 갇혀 있는 눈물을 떠나보낸 것이지요.

젤소미나가 부는 애절한 나팔 소리는 영화 전편에서 구원의 소리처럼 흐릅니다. 영화에서 니노로타의 음악은 반복되는 시구처럼 순수를 부르는 천사의 나팔소리 같습니다. 슬픔의 조각이 절망이 된 아름다운 그 나팔 소리는 바람을 가르며, 바람결에 실려, 바람 속을 헤치며, 잠파노의 쇠 같은 마음을 녹이고 우리의 가슴에도 지금까지 살아 있습니다.

젤소미나 역을 맡은 줄리에타 마시나는 〈길〉을 감독한 페데리코 펠리니의 부인이고 문학박사입니다. 이 영화에서의 연기는 찰리 채플린에 비교될 정도입니다. 어떤 영화에서도 이처럼 맑은 눈과 애절한 주제곡을 만난 적이 없습니다. 줄리에타 마시나의 가식 없는 순수함과 안소니 퀸의 야수성 넘치는 연기는, 흑과 백의 대비처럼 극적인 조화를 이룹니다.

어느 날 잠파노 같은 속울음을 토해내고 싶을 때, 길을 떠납니다. 그 길의 방향은 모르지만 그리움이란 이정표가 있습니다.

삶의 빛깔

– 〈로켓 지브롤터〉

한 사람이 생을 끝마치고 마지막 길을 떠날 때, 그동안 산 흔적에 따라 크고 작은 소요가 일곤 한다. 사회적으로 성공한 사람의 장례식에는 형식적인 애도의 소리가 높고, 주위를 보살피며 따뜻하고 환한 빛을 주고 간 사람의 장례식은 보내는 아픔이 짙게 깔려있다. 장례식은 죽은 사람의 궤적을 보여준다.

아름다운 주검의 소멸燒滅이 있다.

바다가 삶의 터전인 옛 바이킹들은 죽으면 시신을 작은 배에 실어 노을이 질 무렵 바다로 떠나보낸다. 죽은 이를 아끼던 사람들은 배가 멀어지는 것을 지켜보며 마지막 이별을 할 즈음, 화살에 불을 붙여 배를 향해 쏜다. 불화살이 배에 맞아 시신과 함께 타기 시작할 때, 불의 빛깔이 그 날의 붉은 노을과 비슷할수록, 죽은 사람은 이 세상에서 보람차게 살았다고 판단

한다. 떠나보내는 사람은 불빛과 노을빛이 일치하기를 간절히 바라면서 주검이 하늘과 화합하여 바다로 스며드는 것을 지켜보고 마지막 인사를 한다.

영화 '로켓 지브롤터'에서 낭만적이고 엄숙한 장례식을 떠올리며 바다의 노을이 보고 싶었다. 바다에 도착한 그 날의 노을이 지금까지 살아온 나의 삶을 보여 줄 것 같은 생각에 사로잡혔다. 그 즈음 나의 삶은 의문부호의 연속이었고, 그 답에 마주서야 했다.

노을이 아름다운 안면도로 떠났다. 사진에서 본 안면도의 석양은, 바다와 하늘이 얼싸 안은 채, 영영 꺼지지 않을 불처럼 활활 타고 있었다. 바다가 가까워지고 일몰 시각이 다가올수록 긴장이 됐다. 바다와 해는 내게 어떤 색을 보여주고 삶의 점수를 얼마나 줄까.

그러나 내 삶의 평가지에 찬란한 색의 스펙트럼은 없었다. 저무는 해는 하늘과 바다에 무채색만을 흩뿌렸다. 회색빛 하늘 구름 뒤에 엷은 분홍빛이 잠시 보였을 뿐, 사진에서 본 황홀한 일몰은 어디에도 없었다. 초라한 삶의 흔적이었다. 하루를 더 기다렸다. 색의 멸절이 아닌, 빛의 명멸을 기다렸다. 다음날도 하늘은 아무 무늬도 그리지 않았다. 일몰의 서해에서 내 삶의 빛깔을 보았다. 기대와 착각의 환영幻影은 참담했다.

돌아오는 길, 안면도에서 본 모습 하나가 떠올랐다. 물이 빠져나간 새벽 바다에서 갯바위에 붙어있는 석화를 따는 여인이었다. 찬바람을 수건 한 장으로 가리고 해풍에 시달린 거칠고 찌들은 손으로 구부리고 앉아 석화를 따고 있었다. 석화 또한 그 여인의 삶처럼 생을 빼앗기지 않으려고 바위에 달라붙어 있다. 석화는 갈퀴에서 떨어져 나온 후에도 거친 껍질에 연한 살을 숨기며 생을 버티고 있다.

언 손으로 딴 석화는 그릇에 조금씩 아주 조금씩 늘어갔다. 한 그릇을 채워 팔기 위해 얼마 동안이나 소금물 속에서 젖은 손을 움직여야 하는지. 생존을 위해 몇 십 년을 그렇게 버티어 왔을까. 주어진 삶을 묵묵히 버티어온 어촌 아낙의 모습.

어떻게 살았느냐는 질문에, 어떻게 살아야 하는가에 대한 답을 얻는다. 쉼 없이 움직이는 운명에 순종하는 손이, 순간의 찬란한 일몰의 색조보다 아름다웠다.

결혼 행진곡, 그리고
–〈런어웨이 브라이드〉

가을바람이 얼굴을 어루만집니다.

여유 있는 손길로 감싸주는 바람결이 매혹적입니다. 여자들은 가을이 가기 전, 가을바람 같은 남자의 손길을 찾아 결혼을 꿈꾸지요. 초록의 잎새가 물들기를 기다리는 것처럼 결혼이란 꿈꿀 때 행복합니다.

영화 '런어웨이 브라이드'의 쥴리아 로버츠는 네 번의 결혼식에서 결혼 서약을 끝내지 못하고 도중에 갑자기 도망을 칩니다. 그녀의 행동은 동네에서 유명해지고 도시까지 알려져서 그녀가 결혼식을 무사히 마칠 수 있는가 내기를 거는 사람들이 늘어납니다. 뉴욕 신문에 칼럼을 쓰는 기자가 이 사건을 취재하는 과정에서 쥴리아 로버츠를 이해하게 되고, 두 사람은 결혼을 한다는 이야기입니다. 왜 신부가 결혼식장에서 도망했을까요.

나의 결혼식 장면을 떠올렸습니다.

25년 전, 그 때. 모든 것이 바뀌는 순간입니다. 아버지의 손을 잡고 한 남자를 향해 걸어갑니다. 3년을 만난 사이인데도 검은 양복을 입고 긴장하고 서 있는 젊은 남자가 낯섭니다. 드레스는 왜 그렇게 긴지 자꾸 밟히고, 구두는 높아 앞으로 쓰러질 것만 같습니다.

웨딩마치의 오르간 소리가 나자 까맣던 사람들이 갑자기 하얗게 됩니다. 앞을 보고 있던 사람들이 '신부 입장' 소리에 일제히 얼굴을 뒤로 돌렸기 때문입니다. 갑자기 화장실에 가고 싶어지고, 결혼을 미룰 것을, 하는 후회로 머릿속 테이프가 FF로 돌아갑니다.

꽃을 든 손이 후들후들 떨리고 꽃잎이 떨리는 것을 보니 가슴이 더 뛥니다. 아버지에게서 젊은 남자에게 넘겨지고 주례 목사님의 지시에 따라 평생 함께할 것을 맹세합니다. 입맞춤까지 한 사이인데도 새삼스럽게 맞절도 합니다.

'남자의, 남자에 의한, 남자를 위한' 여자가 되는 순간입니다.

반쪽과 반쪽이 합해져서 하나가 되라는 소리가 들립니다. '반쪽이라니, 나는 하나의 존재로 살아왔는데.' 이제부터 자신의 생각은 반만 하고, 말도 반만 해야 하나 봅니다. 결혼 서약을 끝내고 팔짱을 낀 것으로 반쪽과 반쪽이 연결된 것을 증명해 보입니다. 하얀 웨딩드레스를 벗으면 무슨 색깔의 옷을 입고 살아야 할지.

두려움을 감추고 부드러운 미소를 지으며 사진을 찍습니다. 사진사가 "신랑 쪽, 신부 쪽 친척 분들 나오세요." 하고 커다랗게 소리칩니다. 조금 전 하나임을 서약했는데 편을 가르네요. 나는 어느 쪽인가, 호적으로는 남편 쪽 식구인데…. 남편 쪽 사람 중에서 형제들을 빼고는 모르는 사람들뿐입니다. 어릴 때 시장에서 길을 잃었을 때 느낌이 되살아납니다.

영화에서 쥴리아 로버츠가 결혼식에서 도망친 이유를 남자에게 설명하는 장면이 있습니다. 많은 사람이 지켜보는 결혼식이 싫고. 나 자신을 모르며 또 상대방도 잘 모르면서 그 사람의 식성에 맞추려고 했지만, 지금은…. 설명이 끝난 후 자신을 안 그녀는 수동적으로 기다리지 않고 프러포즈합니다. 남자의 눈을 응시하며 결혼 승낙을 구하는 그녀의 모습은 당당하고 아름답습니다.

결혼 전 치킨센터 앞을 지나며 남편이 "나는 닭고기를 좋아하는데, 어때." 하고 물었습니다. 닭고기를 못 먹는 나는 얼떨결에 나도 좋아한다고 대답을 했고, 그 날 먹은 것이 체해서 며칠을 혼이 났습니다. 닭고기를 못 먹는 것은 어릴 때 시골에 가서 닭 잡는 것을 본 이후부터입니다. 도망가는 닭을 잡아 목을 비틀고 털을 뽑는 것을 보고, 온몸에 닭살 같은 소름이 돋으며 진저리를 치고 닭고기를 먹지 않았습니다. 그 때 왜 "닭고기를 안 먹어요."라고 하지 못했는지 지금도 알 수 없습니다.

지금, 나는 닭을 튀기고, 삶고, 볶고 온갖 종류의 요리를 하며 남편 식성에 길들어 있습니다. 그러나 마음은 식성보다 길드는 데 더 많은 시간이 필요한가 봅니다. 몇 백 명의 하객과 정해진 순서에 따라 리허설까지 한 결혼 이후, 7300일 동안 마음속으로 수백 번의 '런어웨이'를 했습니다.

내가 결혼식에서 두려워했던 것은 나 자신도 모르면서 시간이 지나도 알 수 없는 영원한 미지의 타인과 하나가 된다는 두려움을 예감해서였을까요.

억만장자와 백만 불짜리 다리
- 〈에비에이터, 말아톤〉

— 돈이 얼마나 많은데? 하고 싶은 일은 무엇이든지 할 수 있을 만큼 많지. 가장 큰 비행기를 만들고 그 시대 최고의 제작비를 들인 영화를 만들었어. 우리에게는 꿈이 그 사람에게는 현실이야.

— 외모는 어때? 키는 193㎝고 얼굴은 게리 쿠퍼보다 잘 생겼어.

— 여자들에게 인기였겠네? 그 시대 최고의 여배우들과 연애를 했어. 그의 전기에 나온 주연급 배우만도 수십 명이야. 에바 가드너 같은 육체파배우와 심리학 박사인 캐서린 헵번과는 오래도록 깊은 관계였어. 여배우뿐만 아니라 케리 그란트 같은 정상급 남자 배우들과도 동성애를 할 정도였지.

— 세상에서 하고 싶은 걸 마음대로 한 사람이 누구야? 전설

적인 화제의 억만장자 하워드 휴즈야. 그의 사생활은 엉망이지만 일은 열정적으로 했어. 그는 날개가 가장 큰 비행기를 직접 설계하고, TWA항공사 경영도 성공적으로 했어. 경보장치도 고안했고, 지금 우리가 쓰는 하프 컵 브레지어는 하워드 휴즈가 가슴이 풍만했던 여배우 제인 러셀을 위해 항공 디자이너에게 지시해서 만든 것이야.

– 남자로서 모든 걸 소유한 그는 행복했겠네? 아니!

영화 〈에비에이터〉를 보고 서점에 갔다. 하워드 휴즈의 전기는 세 종류가 나와 있었고, 그 중에서 잘 생긴 그의 얼굴이 표지에 디자인된 것으로 골랐다. 뒤표지에 있는 문장에 시선이 멈추었다. 세상에서 가장 빠른 비행사이자 할리우드 최고의 영화 제작자인 하워드 휴즈. 파란에 가득한 운명 가운데서 수많은 영광을 누린 이 사나이가 정말로 찾던 것은 무엇일까. 500쪽을 읽고도 답이 나오지 않는다.

하워드 휴즈는 나이가 들수록 기행이 더욱 빈번해졌고, 신경쇠약과 병적인 위생결벽증, 난청을 심하게 앓았다. 실명까지 된 상태로 병원에 옮기던 중 비행기에서 죽음을 맞았는데, 그의 곁에는 오직 의사 한 사람뿐이었다. 죽음의 원인을 문란한 성생활로 인한 에이즈로 보는 의견이 많다. 그의 엄청난 재산은 그에게 어떤 행복을 가져다주었는가.

목차를 다시 훑다보니 하워드 휴즈 대신 〈에비에이터〉에서 휴즈 역을 맡은 레오나르도 디카프리오가 떠오른다. 하워드 휴즈역을 자원했던 레오나르도 디카프리오는 이 역할에서 연기의 변신과 배우로서 한 계단 오르려는 강박관념이 있었다. 전라의 연기까지 하며 혼신의 힘을 쏟은 노력의 흔적은 보이나 경직된 연기는 영화에 녹아 흐르지 못했다.

영화 제목을 '에비에이터(aviator 조종사)'라고 붙인 것은 하워드 휴즈가 소유하고 이루어 놓은 것 중에서 비행기와 조종사의 역할이 가장 큰 영향을 주었기 때문이다. 영화는 하워드 휴즈의 전 생애에서 상속을 받은 19세에서 40대 중반까지만 보여 주었다. 하워드 휴즈의 전성기를 택한것은, 에너지 넘치는 시대인 20세기의 미국을 표현하는 데 적합했기 때문이다. 거장 감독다운 탁월한 시선이었다.

– 일류학교 다녀? 아니 특수학교에 다녀.
– 건강하냐고? 몸은 건강한데 자폐아야.
– 가진 게 많아? '백만 불짜리 다리와 끝내주는 몸'을 가졌어.
– 뭐를 좋아해? 초코파이, 바람, 달리기, 그리고 사람,
– 겨우, 그런걸 좋아해? 불쌍하다. 아니!

영화 〈말아톤〉을 500만 관객이 넘게 보았다는 소식은 어떤 뉴스보다 우리나라에 희망이 있다는 생각을 했다. 1인당 GNP 2만불이 조금 천천히 되면 어떠랴. 아직 인간 정신이 살아 있는 나라인데.

폭력과 섹스, 악의 승리를 보여주는 영화에 관객이 몰려드

는 영화판에서 한 자폐아의 달리기를 보여준 휴먼 드라마가 성공한 것은 그 사회의 건강한 단면도이기도 하다. 감독은 인터뷰에서 "관객이 보고 행복해지는 영화를 만들고 싶다."고 했다. 감독의 뜻대로 주인공 초원이가 달릴 때 느꼈던 기쁨을 이 영화를 본 관객도 시시한 세상 힘차게 함께 달리며 활짝 웃으면 좋겠다.

〈말아톤〉과 〈에비에이터〉는 비슷한 시기에 개봉했다. 두 영화의 공통점은 실재 인물을 모델로 한 점이고, 극명하게 반대되는 것은 주인공의 성격과 삶이다.

휴즈는 모든 것을 넘치게 갖고도 비참하게 죽음을 맞은 병적인 인간이고, 초원이는 장애아로 태어났지만 많은 사람에게 웃음과 희망을 준다. 이 차이는 두 어머니가 아들에게 시킨 교육의 결과다.

마음의 문을 열고 세상과 소통시키려는 어머니와, 다른 사람보다 우월한 환경에서 태어난 아들을 주변과 어울리게 하기보다 단절시켜 폐쇄된 자아를 형성시킨 어머니, 아들의 운명은 모성의 방향에 따라 결정된다.

요즘, 초원이의 실제 모델 배형진은 열심히 사는 모습을 여러 곳에서 보여주며 장애인과 여러사람에게 좌절하지 않는 긍정적인 삶의 좌표가 되고 있다. 마지막 장면에서 초원이는 세상을 향해 밝고 맑은 웃음을 주고, 하워드 휴즈는 못다한 야망과 욕망에 갇힌 자의 굳은 얼굴로 끝이 난다.

두 영화의 주인공에서 행복과 불행, 생명과 죽음의 모습이 엇갈린다.

소리 나지 않는 신음

– 〈아무도 모른다〉

잘 짜여진 어떤 허구도 사실 앞에서는 빛을 잃는다.

다큐멘터리에서 보여지는 삶의 리얼리티는 드라마의 감동보다 더 귀한 생의 맥박이 느껴진다. 동일한 사건이라도 전하는 사람에 따라 사건의 진실은 다양한 모습을 보여준다.

1988년 동경에서 '버림받은 4남매 사건'이 있었다. 아버지가 각기 다른 네 아이들은 출생신고도 되어 있지 않고 학교도 다니지 못했다. 아이들이 많으면 셋집을 얻기 어려워 젊은 엄마는 12살짜리 큰아들만 있는 것으로 주인에게 말하고 두 아이는 트렁크에 넣어 옮기고, 10살짜리 딸은 밤에 몰래 아파트로 들어온다.

긴 생머리에 매니큐어를 바른, 아이들보다 더 철없는 엄마는 집에서의 규칙을 정한다. 살림을 맡아 하는 큰아들을 제외

한 세 아이들에게 외출을 금지시키고, 베란다에 나갈 수 있는 것조차도 빨래를 너는 큰딸뿐이다. 너무도 충실하게 규칙을 지키는 아이들을 떠나 엄마는 자신의 행복을 찾아 집을 나간다.

생활비가 떨어지고 가스가 끊긴다. 서류상이나 이웃 어느 곳에도 흔적이 없던 활달한 생명체인 아이들은 단수가 되자 비로소 밖에 물을 얻기 위해 공원으로 외출을 한다. 아이들의 사정은 집주인도 사 남매의 아버지도 모른다. 슈퍼에서 유통기한이 지난 음식으로 연명을 하고 고픈 배는 물로 채우고 종이를 씹는다. 굶주림 속에서도 보호기관을 찾지 않는 것은 자신들의 존재가 알려지면 서로를 떼어 놓기 때문이다.

엄마를 기다리던 귀여운 4살짜리 막내가 죽자, 오빠는 죽은 후에라도 동생에게 비행기를 보여주겠다는 약속을 지키기 위해 이사 올 때 넣었던 트렁크에 막내를 다시 넣는다. 그 환경에서도 아이의 키는 자라, 6개월 동안 큰 키만큼의 발이 잘 들어가지 않는 막내의 주검을 비행장 옆에 묻어주는 오빠의 손은 부들부들 떨린다.

고레에다 히로카즈 감독은 영화보다 더 영화 같은 사실을 아주 조용히 거리를 두고 찍었다. 일본 열도가 흥분하고 떠들었던 사실을 카메라는 아이들의 표정과 말을 따라 사랑스런 시선으로 쫓아간다. 패륜 엄마에 대한 고발로 흥분하지 않지만, 단호하고 조용한 화면을 통해 관객에게 엄하게 묻는다. 이기주의, 소외와 단절로 점철된 사회의 대도시를 만든 당신들도

이 아이들을 버린 공범이 아닌가 하고.

아이들의 맑은 표정, 그들의 천진스런 모습과 웃음이 화면에 비칠 때는 고문을 받는 듯했다. 눈물을 흘리지 않고 막내 동생을 묻는 12살짜리 가장의 흙 묻은 손이 클로즈 업 되었을 때는, 녹지 않은 커다란 얼음을 삼킨 듯했다. 눈을 뜨고 보기 미안해 눈을 잠시 감았다.

〈아무도 모른다〉에서 아이들의 마음을 나타내는 상징들이 있다.

단수가 되어 공원으로 함께 나갔을 때, 아이들은 보도블럭 사이에 자란 잡초를 보고 조심스레 풀을 뽑아 집으로 가져와 빈 라면컵에 심는다. 자신들이 먹을 물도 부족하지만 열심히 식물을 키우는 아이들의 손은 자식을 버린 매니큐어를 칠한 엄마의 손과 강한 대비를 이룬다.

주부 역할을 담당 한 10살짜리 큰딸이 가장 아끼는 것은 공책만한 장난감 피아노다. 빨간색 장난감 피아노를 한 손가락으로 자주 두드리는 모습에는 학교 가고 싶은 간절한 마음이, 장난감이 그랜드 피아노인 것은 피아노를 배우고 싶은 열망의 은유다. 4살짜리 막내는 보고싶은 엄마를 그림으로 그리는데 부족한 생필품에 비해 크레용은 풍부하다. 엄마에 대한 그리움이 간절한 어린 마음이 보인다.

이미지의 상징들조차 작고 조용하고 깊은 연민을 담고 있다.

어른들 중 '아무도 모른 것'은 아이들의 굶주림과 죽음까지 몰고 간 극한 상황만이 아니다. 버려진 네 아이들이 가정의 형태를 유지하며, 서로를 신뢰하며 웃음을 잃지 않고 산 그들의 아름다운 세계다. 어른들이 진정 수치스러운 것은 아이들이 자신을 극한 상황으로 몰아넣은 어른과 사회에 대해 정면으로 분노하거나, 세상을 향한 증오가 없었다는 것이다.

지난해 칸느영화제의 심사위원장은 영화제 사상 최연소 남우주연상을 받은 장남역, 아기라 유야의 눈빛을 어떤 영화보다 못 잊는다고 했다. 이 사건이 일어나고 17년이 지나 영화는 제작 되었다. 감독은 이 사건을 마음에 품고 익히며 고통과 서러움을 분노나 눈물로 표현하지 않고 신음소리조차 나지 않는 영화로 만들었다.

절망을 헤쳐나간 아이들이 고맙고, 지금도 세상 어디에 또 있을 것 같은 그들을 모르는 내가 부끄럽다.

연기는 회귀하지 않는다

– 〈스모크〉

어느 즈음에 이르면 감정을 위장해야 할 때가 온다. 속내를 보이기 부끄러울 나이가 되면 외로움이나 슬픔을 무엇인가로 포장하여 내비치지 않아야 한다.

전달되어지지 않는 서러움이 신음으로 나오려 할 때 한숨 대신 연기를 내뿜는다. 폐부까지 빨아들인 연기가 심연에 퇴적된 우울과 맞닿을 때, 연소된 재의 무게만큼 위로를 받는다. 수시로 바뀌는 감정을 10㎝ 길이의 연초 가루에 태워 보내며 연기의 가벼움만큼 시간의 흔적도 사라져버리기를 바라지만, 과거가 할퀴고 간 생채기는 좀처럼 지워지지 않고 현재의 한 구석에 생생히 살아있다.

한줌의 위안도 받을 수 없는 세상에서 회색 연기로 만드는 동그라미는 그리운 얼굴이 보내는 옅은 미소다. 순한 사람은 어리석게도 같은 자리를 찔려 아픔을 겪지만, 피할 수 있는 길을 알고도 멀리 가지 못하고 그 자리를 맴돌며 고통을 겪는다. 흠 있고 인간적인 너무나 인간적인 사람들, 삶의 허무를 허망하게 날려보내지 않고 생의 일부분으로 받아들여서, 외롭고 좌절한 순간에도 가슴의 따뜻함으로 다시 일어서는 사람들의 이야기가 영화 〈스모크〉다.

〈스모크〉는 가장 미국적인 작가 폴 오스터의 원작 소설을 중국계 웨인 왕 감독이 먹으로 그린 서양화 같은 작품으로 만들었다. 삶의 원색적 고통을 동양적 미학과 노 · 장 철학으로 풀어 여백의 아름다움이 느껴진다. 찌르는 듯 강한 원색의 삶을 부드러운 파스텔 톤으로 바꾸어 놓은 담배 연기가 실내에 음악이 흐르듯 번진다. 등장인물들의 이름으로 나눈 5부의 구성은 시간의 연속성과 인생의 연결고리를 느끼게 한다.

* 뉴욕 브루클린의 모퉁이 담배 가게 주인인 오기는 4천 일 동안, 정확히 오전 8시 정각 5분 동안 같은 장소에서 사진을 찍는다. 사진의 고정된 배경과 시간은 같지만 지나가는 사람이 다르고 풍경도 햇빛의 각도와 바람의 세기에 따라 조금씩 다르다. 그는 배신한 여자를 잊기 위해 담배를 피운다. 어느 날, 그 여자가 찾아와 잊혀진 얘기를 꺼내며 자신의 딸이라는 확신도 없는 아이를 위해 돈을 요구하자 그동안 모았던 재산을 아무런 설명 없이 내준다.

* 담배 가게 단골인 소설가 폴은 자신의 담배를 사러 갔다가

강도의 총에 맞아 죽은 아내를 잊지 못해 담배를 피운다. 똑같은 사진이라 생각하고 무심히 넘긴 사진첩에서 4년 전 평화스런 모습으로 걸어가는 아내의 모습을 발견하고는 오열한다. 시간의 재 같은 사진첩 갈피에는 소설 같은 한사람의 피맺힌 장면이 살아 있다.

* 교통사고에서 소설가 폴을 살려준 흑인소년은 12년 전 헤어진 아버지를 찾아, 아버지의 자동차 수리점에서 일을 하면서도 자신이 친자식임을 밝히지 못한다. 이들에게 과거의 시간은 연기처럼 흩어져 다시 돌아오지 않고, 담배 연기의 움직임처럼 조용히 고통을 안겨준다.

〈스모크〉의 주인공들은 상처 있는 과거의 텅 빈 공간에 머물고 있다. '과거는 흘러가 사라지는 것이 아니라 현재 안에 함께 있는 것이며, 현재가 근거하고 있는 심연이자 바탕인 것이다. 이러한 시간이 바로 인간의 시간이다'. 시간의 거대한 강물에서 우리 모두는 허덕이고 있다.

담배가게 주인 오기가 찍은 같은 시간, 고정된 배경의 사진첩에도 다른 역사와 사건이 들어 있듯이, 일상의 무심히 흘러가는 어느 한 순간도 같은 모습은 없고, 거리에서 울리는 어느 울림도 같은 소리는 없다. 시간은 작은 점 하나, 어디에도 머무름이 없다. 커다랗게 드러나지 않는 정체되고 반복된 일상, 그 속에는 엄청난 변화와 감동이 내재돼 있다. 나무가 자라는 게 눈에 보이지 않지만, 나무는 한시도 성장을 멈추지 않고 어느 날, 흠칫하며 변화를 느끼게 하는 것과 같다.

초침의 움직임에 시선을 고정시킨다. 과거에 묶여 있던 마음자락들을 시계바늘 위에 올려놓는다. 누군가 무심히 던진 화살 같은 한마디, 아플 때 잡아준 따뜻한 손의 체온, 이 모든 것은 매순간 형형한 모습으로 현재와 조우하며 살아 있다. 과거와의 화해는 어쩌면 애절하게 기억들을 떠나보내는 것인지도 모른다.

가느다란 바늘은, 미세한 움직임으로 지난 시간들을 떨쳐낸다. 초침은 앞으로 밀고 나갈 뿐이다. 시간의 끝은 없다. 오직 또 하나의 미래를 향해 나갈 뿐이다. 지난 시간에 마음이 붙잡혀 있어도 시간은 정지하지 않는다.

담배연기는 과거를 한 바퀴 돌아 슬픔을 태우고 피어오른다. 시간은 흔적을 남기며 흘러가고, 기억은 아픔과 기쁨 속을 헤매며, 멀리 높게 떠난 연기는 회귀하지 않는다.

최고의 러브신, 그 뒤에 숨은 뜻

– 〈사랑과 영혼〉

영화에서 사랑은 끝없이 다루어 왔다. 진부하지만, 아직도 관객은 지치지 않고 사랑의 장면을 보고 싶어 한다. 기억에 남는 장면은 스펙터클하거나 숨을 멈추게 하는 스릴 있는 것보다 조용하고 가슴에 와 닿는 러브신이다. 그 장면에서 보았던 주인공의 눈빛이 그립고, 몸짓이 다시 보고 싶어진다.

2003년, 영국 BBC 방송에서 현재까지 나온 영화 중에서 가장 아름다운 러브신 순위에 대한 여론조사 결과를 보도했다. 수많은 영화 중에 관객이 1위로 뽑은 것은 〈사랑과 영혼〉에서 물레를 돌리는 연인을 남자가 뒤에서 포옹하는 장면이다. 격렬하지도 않고 화려한 장치도 없는 이 장면이 왜 가장 아름다운지, 비디오테이프를 수없이 되돌려 보았다.

로맨틱 판타지 영화인 〈사랑과 영혼〉의 원제는 〈Ghost〉이다. 제목에서 암시하듯이 길에서 갑자기 죽은 남자의 영혼이 차마 연인을 떠나지 못하고 지켜준다는 내용이다. 죽어서도 사랑한다는 애틋한 내용과 주제곡 〈Unchained Melody〉가 영화를 유명하게 했지만 이 화면이 흘러가지 않고 정지 상태로 머리에 남아 있는 이유는 무엇일까.

그 장면의 배경에는 도자기가 있고 점토 묻은 주인공의 손이 있다. 도예가인 여인의 손과 그 위에 포개진 남자의 손이 함께 도자기를 빚는다. 영혼의 합일을 뜻한다. 카메라는 완성된 도자기들을 여러 개 올려놓은 선반을 보여주고 물레에서 돌아가는 성형 중인 점토를 클로즈업시킨다. 사랑에 내재되어 있는 인내, 눈물, 침묵이 도자기의 속성으로 다가온다. 사랑의 인내와 도자기의 완성 과정은 행로가 같다.

부드럽던 점토는 1200도 이상의 고열을 고통 속에 견디어 내야 비로소 세상에 나온다. 산고보다 더한 고통을 견디는 동안 부드럽던 형질은 단단하고 강해져 고온의 불도 견딜 수 있게 된다. 큰 화재가 휩쓸고 지나간 집터를 보면 나무는 재가 되고 철은 녹아서 형체를 알아 볼 수 없지만, 도자기는 마지막까지 형체를 보존하고 있다. 이미 고온의 연마를 거쳤기 때문에 화재로 인한 열을 견디어 낸 것이다. 어떤 역경도 헤쳐 나가는 사랑의 모습과 같다.

사랑장이라 불리는 고린도전서 13장 4절에서 7절 사이에 사랑의 특징을 16가지로 묘사해 놓았는데 인내에 관한 것은 세

번 반복된다. 사랑은 오래 참고, 모든 것을 참으며, 모든 것을 견디느니라…. 성경에서도 사랑의 가장 중요한 요소를 인내라고 말한다.

사랑이 눈물을 잉태하고 있는 것처럼 도자기에도 숨어 있는 눈물이 있다.

도자기를 빚을 때는 물이 점토 입자의 윤활제 역할을 한다. 성형시키기까지 도공은 손에 끊임없이 물을 묻히고 물레를 돌린다. 도자기는 건조 과정에서 모세관을 통해 수분을 증발시킨다. 이때 달아나는 물을 수축수라 한다. 수축수가 떠난 자리는 미세한 틈이 생긴다. 완성을 위해 절대 필요했던 것이 완성을 위해 다시 떠나야 하는 비극의 흔적이다. 사랑이 아픔을 동반하고 가슴에 상흔을 남기는 것과 같다.

조선시대의 막사발 굽을 보면 울퉁불퉁한 작은 점 같은 것이 있다. 가마에 넣어 구울 때에 서로 붙지 말라고 밑에 괴는 규석 받침이다. 이것을 참깨씨앗, 또는 눈물흔적이라고 한다. 눈물흔적－떠나는 것이 영원한 머무름이고, 봄의 새순이 이미 낙엽을 향하고 있다는 깨달음에서 나온 이름이다. 눈물 없는 사랑은 시작도 하지 않은 사랑이리라.

사랑의 가장 깊은 곳에 침묵이 있듯이 도자기에도 깊은 침묵이 있다.

'정열의 절정에 이르는 순간, 그 순간 영혼 속에는 엄청난 침묵이 찾아온다.' 사랑은 언어로 표현하는 순간부터 고유함과 순수를 잃고 퇴색하기 시작한다. 사랑 앞에서 언어는 한없이 초라하다. 오히려 침묵이 사랑의 언어를 완성시켜 준다. 뜨거운 열 속에서 고통과 신음을 토해낸 도자기는 열이 식은 후, 견고해진 흙 속에 침묵으로 인내와 눈물을 숨긴다. 열기와 물기가 사라진 결정체는 고요하다.

집에 꽃을 꽂아 놓는 백자 화병이 있다. 꽃이 꽂혀 있을 때는 화려한 꽃이 먼저 보여 화병의 존재를 의식하지 못했다. 어느 날 시든 꽃을 버리고나서, 도자기는 문갑 위에 도자기 자체로 존재했다. 오래 시선을 멈추었다. 아무것도 들어 있지 않고 속이 빈 채 홀로 있는 백자의 빛은 처연하고 아름다웠다. 사랑에 빠져 있을 때는 삶의 순간순간 내가 나의 주인이 아니다. 타인이 내 안의 모든 것을 주장하고 있다.

가장 아름다운 러브신, 〈사랑과 영혼〉에서 비어 있는 도자기의 이미지는 욕망과 이기가 섞이지 않은 순수한 사랑의 이미지인 것이다.

사랑은 생 뒤에 오는 것

– 〈시라노〉

세상의 모든 사랑은 짝사랑입니다.

두 사람이 서로 사랑을 한다 해도 내가 하는 사랑이 상대방의 사랑보다 더 깊다고 느끼기 때문이지요. 내가 품은 사랑은 한없이 큰데, 상대에게 보여 줄 수 있는 사랑은 아주 작아서 고통을 느낍니다. 이런 사랑의 속성 때문에 자신과 상대에게 상처를 주고받으며 사랑은 숙성해 가겠지요.

사랑이 삶의 전부를 앗아간다 해도 사랑을 지키려던 사람이 있습니다. 가장 순결하고 고결한 사랑의 완성을 이룬 사람. 그 대가로 사랑의 고통 속에서도 행복했던 사람. 그는 실존인물이며 영화의 주인공인 17세기 음유시인이고 기사騎士였던 시라노입니다.

자신의 못 생기고 큰 코 때문에 아무에게도 사랑 받지 못한다고 생각하는 시라노는 8촌 여동생 록산느를 사랑합니다. 시라노의 마음을 모르는 록산느는 젊은 미남 장교 크리스티앙을 사랑하지요. 두 사람이 전쟁에 함께 참가하게 되자, 편지를 못 쓰는 크리스티앙을 대신해 시라노는 그의 이름으로 록산느에게 매일 두 번씩 편지를 씁니다. 크리스티앙이 전쟁에서 죽은 후 록산느는 그의 편지를 가슴에 품은 채 수녀원으로 들어갑니다.

14년 동안 똑같은 시간에 록산느를 방문하던 시라노가 정적의 암살 계획으로 머리를 다치게 되고, 죽음이 가까워지자 록산느에게 가슴에 품은 편지를 보여 달라고 합니다. 수녀원에 어둠이 깔린 것을 의식 못하고 시라노는 편지를 소리내 읽습니다. 비로소 록산느는 그 동안 자신에게 편지를 보낸 사람이 크리스티앙이 아니고 시라노인 것을 압니다. 숨을 거두며 시라노는 평생 숨겨 왔던 사랑을 고백합니다. 진실한 '사랑은 생 뒤에 오는 것'인가 봅니다.

내게도 시라노의 편지라고 부르는 편지가 있었습니다.

일주일에 다섯 번 오는 편지 중에는 우표 없이 직접 대문 안에 넣고 간 것도 있었고, 마지막 편지는 14장이었는데 가장자리를 풀로 붙여 두루마리처럼 한 장으로 보내 주었습니다. 낱장으로 봉투에 넣으면 넘기면서 보는 것이 불편할까 봐 붙인 것입니다. 그 편지는 내 발밑까지 닿고도 남았습니다. 그의 편지는 문학 작품이고, 철학 강의서였습니다. 편지 속의 시어들은 자신의 마음을 진실하게 표현했기에 더욱 아름다웠습니다.

편지가 배달 될 때마다 편지라기보다는 소포 같았지요. 열 장이 넘는 그의 편지는 읽기에도 벅찼습니다. 그의 다가옴을 감당할 수 없어 답장을 미루었습니다. 편지가 거의 책상 서랍 하나에 채워졌을 무렵, 답장을 써야지 생각하고, 다시 한번 읽으려고 책상 서랍을 열었습니다.

서랍이 텅 비어 있었습니다.

편지가 모두 없어졌습니다. 잘못 열었나 하고 다른 서랍을 열어 보았습니다. 서랍을 급히 닫다가 손가락을 세게 찧어 손끝에 금방 피멍이 들었습니다. 손가락보다는 싸아한 가슴이 더 아팠습니다.

딸의 이름으로 편지가 자주 오는 것을 못마땅하게 여긴 어머니가 편지를 모두 태워 버렸습니다. 편지가 태워진 것이 마치 그 사람이 없어진 것 같은 생각이 들었을 때, 아무 말도 생각나지 않았습니다. 얼굴만 하얗게 변하더군요. 다만 조용히 서랍의 빈 공간을 손으로 한 번 훑어보았습니다. 떨어진 글자라도 주울 수 있을까 해서요.

11월 중순이었습니다. 창밖을 보니 나무들이 가을과 겨울 사이에서 어쩔 줄 모르고 있었습니다. 몇 달을 침묵하며 보냈습니다. 침묵의 기간 동안 그는 군대에 갔고 내 편지는 주소불명으로 돌아왔습니다. 그 후 편지가 들어 있던 서랍을 항상 비워둡니다. 그리고 내 마음과 함께 이생진의 〈기다림〉을 써넣었습니다.

너만 기다리게 했다고 날 욕하지 말라
나도 보이지 않는 곳에서
너 만큼 기다렸다
이상하게도 같은 세월에
엇갈린 입장을
물에 뜬 섬처럼
두고두고 마주 보았다

검은 봉투 안의 성

– 〈포르노그래픽 어페어〉

어디선가 냄새가 났다.

베란다 구석인 것 같아서 이리저리 찾았는데 보이지 않는다. 물청소까지 해도 찾을 수가 없어 하루 시간을 내서 베란다 구석구석을 뒤졌다. 냄새의 진원지는 비닐봉지를 모아놓은 상자 안이었다. 봉투를 꺼내고 보니 검은 비닐봉지 안에 감자 한 개가 들어 있고, 물컹거리며 썩은 냄새가 났다.

한 달 전, 저녁 식사에 손님 몇 명을 초대했다. 오전에 일이 있어 시장을 늦게 보아 식사 준비가 늦었다. 서둘러 부엌을 치우다 감자 한 개가 봉투에 들어 있는 것을 모르고 상자에 넣은 것이다. 감자는 밀폐된 어두운 곳에서 썩고 있었다.

토요일 저녁 비디오 점에서 두 남자를 보았다. 중년의 남자가 심각한 얼굴로 비디오를 고르고 있었다. 무슨 잘못이라도 하는 듯 한참 동안 머뭇거리며 고른 영화는 〈포르노그래픽 어페어〉였다. 주인이 테이프를 넣어준 검은 비닐봉지를 감추듯이 들고 황망히 비디오 점을 빠져나갔다. 〈포르노그래픽 어페어〉를 빌린 중년의 남자는 그 영화가 야한 장면이 많이 나오는 저질 포르노 영화인줄 알고 빌렸을 것이다.

〈포르노그래픽 어페어〉는 해외 평론가들이 높이 평가한 작품이고 전주 국제영화제에서 관객의 기립 박수를 받은, 욕망의 자유를 심층 깊게 파헤친 수작의 영화다. 기대에 찬 마음으로 묘한 웃음을 흘리며 비디오를 켠 그 남자는 기다리는 장면은 안 나오고 호텔에 들어가는 남녀의 뒷모습과, 카페에 앉아 두 사람이 심각하게 나누는 붕붕거리는 불어만을 들었을 것이다. 좋은 영화를 목적이 다르게 빌려 놓고 시시하다고 불평했을 생각을 하니 웃음이 나왔다.

20대의 청년은 주인에게 일본에서 도를 넘는 성 묘사로 상연이 보류됐다 풀린 〈감각의 제국〉을 묻는다. 비디오가게 주인이 봉투에 넣어주려니까 "집에 가면 버릴 텐데요." 하면서 테이프를 손에 들고 성큼성큼 걸어 나갔다. 그 청년에게 성性은 감춰야 할 부끄러운 것이 아니었나 보다.

두 사람을 보며 검은 봉투에 갇힌 성性을 생각했다. 잘못 알고 죄의식 속에 빌려간 〈포르노그래픽 어페어〉는 베란다에서 썩는 감자 같다. 밝고 바람이 통하는 곳이면 썩지 않을 감자같이, 영화를 알고 성을 부끄러운 것이라고 생각하지 않았다면 중년의 그 남자는 잘 된 영화 한 편을 보았을 것이다.

섹스란 말을 입에 올리는 것 자체가 금기시 되던 때가 있었다. 패션에서 다리가 보이는 옷을 상상도 못하던 때가 있었던 것처럼. 그러나 지금의 패션은 어디까지 왔는가. 초 미니에 속치마같이 끈만 달린 옷을 거리에 아무 거리낌 없이 입고 다니는 시절이다. 시대의 변화는 가속도가 붙은 듯 빠르게 변하고 있다.

운전을 할 때 차의 흐름을 타야 하는 것처럼 시대적 변화의 흐름에도 어느 정도는 편승해야 한다. 인간 존재의 본질적 요소인 에로티시즘의 참 모습을 왜곡하지 말고 솔직하게 받아들여야 하는 때이다.

재산이 많은 할머니가 있었다. 할머니의 소원은 죽기 전에 불도를 깨우칠 사람을 키우는 것이다. 산수가 좋은 곳에 암자를 짓고 젊은 수도승 한 사람을 데려와 온갖 정성을 다해 돌보았다. 3년 동안 속세를 잊고 참선과 불경 공부에 열중하는 것을 보고 만족한 할머니는 어느 날, 자신이 항상 들고 가던 밥상을 젊고 아름다운 처녀에게 들고 가게 했다.

다음날 할머니는 수도승에게 물었다. "아름다운 처녀를 보니 어떤 생각이 들더냐." "아무런 느낌이 없더이다." 이 대답을 들은 할머니는 "너는 평생 도를 깨우치기는 틀렸다."며 그를 하산시켰다. 장래가 있어 보이는 다른 수도승에게 도를 닦게 한 후, 같은 방법을 쓰고 물었다. "처녀가 바위로 보입니다."란 대답을 듣고, 할머니는 크게 실망을 하고 세상에 도를 깨우칠

자가 없는데 헛일만 했다고 암자를 불태우고 산을 떠났다.

할머니가 기대한 대답은 무엇이었을까. 그것은 어떤 행동이 아니다. 건강한 젊은 남자가 아름다운 여자를 보았을 때, 아무런 느낌이 없다면 그는 세상의 어떤 이치도 깨우칠 수 없다. 본능적 욕망을 인정할 수 있어야 인간의 고뇌도 알고, 이성으로 자제하는 방법과 인내도 알 수 있기 때문이다.

성에 대해 무조건 추하고 부끄럽다고 생각하는 사람, 섹시한 것은 천한 것이지 아름다운 게 아니라고 생각하는 사람. 그들이 생각하는 섹시한 여성은 남자들의 보호 본능을 일으키는 마릴린 몬로일 것이다. 그녀가 지하철 통풍구에서 나오는 바람에 날리는 치마를 붙잡고 매혹적인 웃음을 흘리는 모습은 성적 매력의 대표적인 모습이었다.

그러나 현대 여성의 섹시함은 변하고 있다.

휴렛 팩커드사의 CEO로 능력 있는 여성의 대명사인 칼리 피오리나가 취임한다는 소식만으로 회사의 주가가 올라갔다. 능력과 미를 겸비한 칼리 피오리나가 한국을 방문했다. 일반적으로 생각하는 직장 여성의 이미지인 강한 인상과 짧은 머리에 활동적인 바지 차림이 아니었다. 풍만한 금발에 정성들인 화장, 부드러운 분위기에 세련된 투피스 차림의 자신 있는 모습으로, 수십 명의 중역을 거느리고 나타난 당당한 모습의 칼리 피오리나를 오히려 섹시하다고 표현한 사람이 많았다.

섹시하다는 말이 현대인의 매력, 칭찬하는 말로 바뀌고 있다. 밝은 성, 불륜이 아닌 건전한 성은 부끄러운 것도 추한 것도 아니다. 감추면 더욱 부패하는 성, 이제 검은 봉투 안에서 꺼내야 한다. 우리 모두 갖고 있는 기본적인 본능은 수치스러운 것이 아니다. 밝고 건전한 아름다운 성에 대한 개념이 필요하다. 기성세대에서도 패러다임의 전환이 필요하다.

북풍에 실려 온 초콜릿 향기

– 〈초콜릿〉

외로울 때는 아이스크림이 녹기를 기다려 부드럽고 달콤한 아이스크림을 천천히 먹는다. 꽃이 흐드러지게 핀 것을 혼자 볼 때는 따뜻한 허브 티 한 잔을 마신다. 깊게 쌓인 눈길을 걸을 때 시린 손을 잡아 줄 사람이 없을 때는 포장마차에서 오뎅 국물을 마신다. 가슴에 설명할 수 없는 서늘한 바람이 불면 초콜릿을 입안에 넣고 서서히 음미한다.

맛으로 감정을 달래는 사람은 지치고 상처받은 사람들이다.

북풍이 불기 시작하면 어디론가 떠나야 하는 사람이 있다. 뺨에 와 닿는 북풍이 심장에 이르면 칼바람이 되어 가슴을 도려낸다. 아픔을 견디기 위해서는 한 곳에 머무를 수가 없다. 끝없는 길 떠남이 계속된다. 고향을 잃은 사람들, 그리움을 참고 사는 사람들, 눈물을 품고 있는 사람들에게는 주기적으로 마음의 계절풍이 분다.

영화 〈초콜릿〉에서 주인공 비엔은 바람 같은 운명을 타고났다. 비엔의 한 곳에 머무를 수 없는 운명은 어머니로부터 물려받았다. 북풍이 불면, 정착지를 떠나 어디론가 다시 떠나야한다. 비엔은 북풍이 부는 날, 프랑스의 작은 시골 마을에 온다. 그 곳은 겉으로는 평화스러워 보이지만, 각자의 마음속에 아픔을 품고 사는 사람이 많은 곳이다.

이 마을에 초콜릿 가게를 연 비엔은 매 맞는 아내, 딸에게 버림받은 어머니, 전쟁미망인을 따뜻하게 위로해 준다. 딱딱한 초콜릿이 따뜻한 온도에서 녹는 것처럼 경직된 사람들의 마음이 초콜릿을 먹고 나면 풀어진다. 그러나 금식을 하는 사순절 기간에 초콜릿 가게를 연 비엔을 마을 사람들은 좋아하지 않는다. 비엔을 받아들인 사람들은 마을에서 소외된 이웃사이더들뿐이다.

비엔을 멀리하던 사람들은 시간이 지나자 초콜릿의 검은 유혹과 매혹적인 달콤함에 마음이 녹기 시작한다. 비엔을 마을에서 내쫓으려던 시장까지 초콜릿 맛에 빠진 후, 마을 사람들은 부활절 축제에 초콜릿을 나누어 먹으며 화합의 잔치를 벌인다.

〈초콜릿〉에서 비엔은 방황하는 현대인의 빈 마음을 뜻하고, 북풍은 실존적 요소들이다. 초콜릿은 삶의 사막 길에서 만난 한 모금 물 같은 것이다. 스웨덴 감독 라쎄 할스트롬은 〈길버트 그레이프〉에서처럼 〈초콜릿〉에서도 상처받은 사람들에게 따뜻한 시선을 보낸다. 인간의 갈등을 화해로 풀어내는 감독은 이 영화에서 초콜릿을 매체로 사용했다.

초콜릿의 원료인 카카오에는 약한 흥분제인 알칼로이드 성분이 들어있다. 멕시코 원주민들은 카카오를 약용과 화폐로 사용하였고, 유럽에 전해지면서 여러 가지 원료를 섞어 지금과 같은 초콜릿이 되었다. 유럽에서는 성적 흥분제가 들어있다고 믿어, 사랑의 묘약 대신 쓰이기도 했다.

하지만 영화 〈초콜릿〉에서는, 초콜릿의 어떤 성분 때문에 사람들의 마음이 녹은 것은 아니다. 비엔의 초콜릿에는 타인에 대한 관심과 사랑이 들어있기 때문이다. 비엔은 바람을 온몸으로 맞고, 바람과 벗하는 여자이다. 바람과 벗하기 시작하면, 타인의 상처를 볼 수 있고, 그 상처를 싸매 줄 수 있는 손길을 갖게 된다. 북풍의 차가움을 견디며 이곳, 저곳을 떠돌아다니는 정착하지 못하는 자의 슬픔도 알게 된다.

영화에서는 슬픔이 매 맞는 아내와 버림받은 어머니로 표현되지만, 죽을 수밖에 없는 모든 것들은 생명 안에 슬픔을 내포하고 있다.

이렇게 슬픔의 북풍이 몰아칠 때, 위로의 초콜릿이 필요하다. 그 초콜릿 속에는 안식과 위로가 들어 있다. 초콜릿이 가진 이중적인 요소 — 카카오 열매의 쓴맛과 설탕의 결합, 열매의 단단함과 부드러운 버터의 조화 같은 여러 가지 재료로 만들어지는 갖가지 모양은 우리 삶의 다양한 모습이다.

종이를 벗기고 초콜릿을 한 입 베물어 본다. 향과 함께 달콤함이 입안에 번진다. 겨울이 오기 전, 마음의 삭풍을 잠재우는 초콜릿을 준비해 두어야겠다.

■ 연보

• 약력

1948년 서울 출생.

1971년 이화여자대학 독문학과 졸업.

1982년 기독교방송 성탄수필대회 금상수상.

1987년 기독교방송 '지금은 정보시대'에서 문화계 소식을 전하고 인물 인터뷰, 영화코너 방송 그 외 방송에서 다수 활동.

1989년 극동방송 '사랑의 뜰 안' 진행.

1995년 방송위원회 심의원.

1998년 〈현대수필〉 봄 호로 등단.

1999년 첫 수필집 《하늘이 넓은 곳》발간. 경기문화재단 지원금 수혜.

2000년 〈현대수필〉 편집위원.

2000년 분당수필문학회 회장.

2000년 〈내일 신문〉 '조재은의 영화와 삶' 연재.

2001년 한국 문인협회 회원.

2002년 〈국방일보〉 에세이 연재.

2002년 두 번째 수필집 《삶, 지금은 상영 중》 발간, 성남시 문화발전기금 수혜.

2002년 〈현대수필〉 '영화 에세이' 연재.

2002년 국제펜클럽한국본부 회원.

2002년 〈국민일보〉 에세이 연재.

2004년	〈현대수필〉 편집장.
2004년	분당구청 수필산책 강사.
2004년	〈월간문학〉 편집위원.
2005년	마당수필문학회 회장.
2005년	세 번째 수필집 ≪시선과 울림≫발간.
	한국문화예술위원회 우수도서 선정.
2006년	〈창조문예〉 '가족' 연재.
2007년	구름카페문학상.
	선집 ≪새롭고 가장 오래된 주제≫ 발간.
2007년	이대동창문인회 회원.
2008년	한국여성문학인회 회원.
2008년	YMCA 생활수필 강사.
2009년	현재 〈현대수필〉 주간.

현대수필가 100인선 · 79
조재은 수필선
도심 속 오아시스에 가다

초판인쇄 | 2010년 10월 1일
초판발행 | 2010년 10월 5일

지은이 | 조 재 은
펴낸이 | 서 정 환
펴낸곳 | 좋은수필사

주 소 | 서울시 종로구 익선동 30-6
운현신화타워 빌딩 3층 305호
전 화 | 02)3675-5635, 063)275-4000
등 록 | 1984년 8월 17일 제28호
홈페이지 | http://www.shinapub.com
e-mail | essay321@hanmail.net

값 7,000원

ISBN 978-89-5925-348-7 04810
ISBN 978-89-5925-247-3 (전 100권)